Irmãos de Jesus

Somos todos

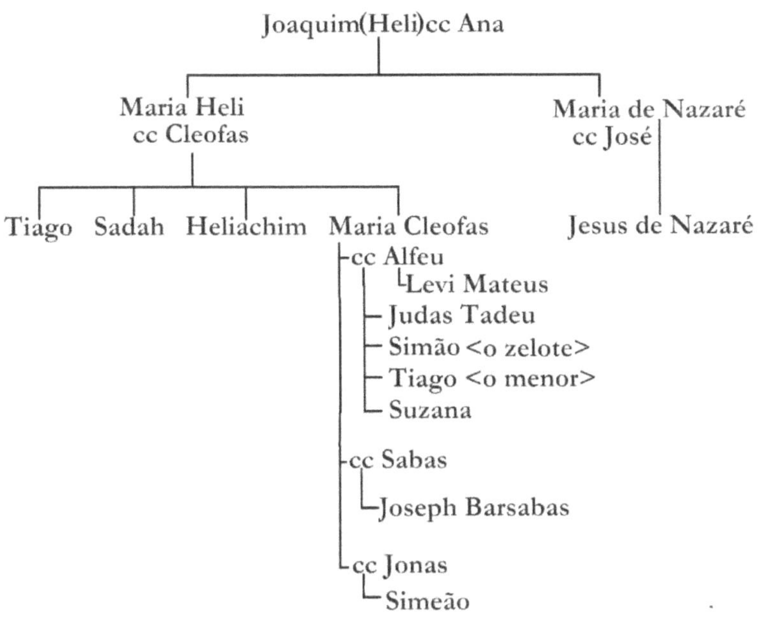

Décio Martins de Medeiros
São Paulo – Brasil – 2021

Pinturas de James Tissot (1836-1902) e Pieter Paul Rubens (1577-1640).

Informações bibliográficas:
Autor: Décio Martins de Medeiros.
Título: Irmãos de Jesus.
Subtítulo: Somos todos.
Local, Ano: São Paulo-Brasil, 2021.
Páginas: 84 páginas tamanho 6"x9".
Assuntos: 1.Cristianismo 2.Bíblia

Sumário

Irmãos de Jesus

A genealogia feita por Anna Catharina Emmerich

Segundo a genealogia, revelada à religiosa Agostiniana, Anna Catharina Emmerich, os chamados irmãos de Jesus citados na Bíblia eram seus primos Tiago, José, Simão e Judas. [1]

São Joaquim , cujo nome original era Heli, era filho de Matthat que era filho de Leví com a viuva de Matan. Matan foi pai de Jacó, que foi pai de São José.

São Joaquim/Heli casou-se com Sant'Ana, filha de Eliud da tribo de Leví e Ismeria da tribo de Benjamin. Ismeria era irmã de Emerenciana e de Sobe. Emerenciana era mãe de Isabel mulher de Zacharias, que foram pais de João Batista. Sobe era mãe de Maria Salomé mulher de Zebedeu, pais de Tiago o Maior e São João Evangelista.

Joaquim e Ana tiveram duas filhas com o nome de Maria: Maria Heli esposa de Cleophas e Santa Maria esposa de São José, pais de Jesus Cristo.

Maria Heli esposa de Cleophas teve os filhos Maria Cleofas, Tiago, Sadah, Heliachim.

Maria Cleophas casou-se três vezes, a primeira vez com o viúvo Alfeu com quem teve Judas Tadeu, Simão Zelota, Tiago o menor , Suzana. O viuvo Alfeu tinha um filho de nome Mateus, antes chamado Leví.

Maria Cleofas casou a segunda vez com Sabás com quem teve Joseph Barsabas.

Maria Cleofas casou a terceira vez com Jonas, irmão mais moço do sogro de Simão Pedro, com quem teve Simeão.

---

[1] livro Vida, Paixào e Glorificação do Cordeiro de Deus, de Anna Catharina Emmerich ,paginas 30 e 509

Maria Salomé e Zebedeu foram pais de Tiago <o maior> e João. Maria Salomé era filha de Sobe, irmã da Ana que era mãe da Maria de Nazaré, a mãe de Jesus.

***

Ana Catarina Emmerick[2] nasceu em 8 de Setembro de 1774, em Flamschen, Alemanha.

Em 1802 entrou no mosteiro da comunidade de Agnetenberg e tornou-se freira da Ordem Agostiniana em 13 de novembro de 1803.

Em 1811 o convento foi fechado e sua ordem suprimida por Napoleão. Ela passou a trabalhar como empregada doméstica na casa de um sacerdote francês.

A partir do ano de 1812 ela carregou estigmas de Jesus Cristo, como uma cruz sobre o coração e feridas de coroa de espinhos.

De 1818 a 1823 Clemens Brentano visitou a religiosa para anotar as suas visões e depois publicar.

Ela faleceu em 9 de Fevereiro de 1824.

---

[2] http://www.vatican.va/news_services/liturgy/saints/ns_lit_doc_20041003_emmerick_po.html

As palavras irmãos e filhos

Dependendo do contexto e das informações que se tem, podemos entender as palavras em sentido amplo e não restrito.

Irmãos pode referir-se a parentes próximos: irmãos biologicos, adotados, cunhados, primos.

Filhos pode referir-se a descendentes: filhos biológicos, adotados, netos..

Tiago, José, Simão e Judas, são listados como irmãos de Jesus mas não como filhos da Virgem Maria:

Não é ele o filho do carpinteiro? Sua mãe não se chama Maria, e seus irmãos não são Tiago, José, Simão e Judas? E suas irmãs não estão todas conosco? De onde, então, lhe vem tudo isso? [3]

Não é ele o carpinteiro, o filho de Maria, o irmão de Tiago, de José, de Judas e de Simão? Não vivem aqui entre nós também suas irmãs? E ficaram perplexos a seu respeito. [4]

Todos estes perseveravam unanimemente em oração, com as mulheres, e Maria, mãe de Jesus, e com os irmãos dele. [5]

Enquanto Jesus estava falando às multidões, sua mãe e seus irmãos ficaram do lado de fora, procurando falar com ele. [6]

A palavra hebraica ach utilizada para "irmão" tem um sentido amplo, podendo significar irmão, parente próximo, compatriota, companheiro.[7] Em Gn 4,9 temos um uso restrito de ach. Em Is 41,6-7 temos um uso mais amplo de ach.

A tradução grega da Bíblia usa a palavra "adelphos", que significa irmão, e não "anepsios", que significa primo.

---

[3] Mateus 13,55-56
[4] Marcos 6,3
[5] Atos 1,14
[6] Mateus 12,46
[7] Michael Sokoloff, A Dictionary of Jewish Palestinian Aramaic, Bar Ilan University Press, Ramat-Gan, Israel, 1990, p.45

A tradução latina da Bíblia usa a palavra "fratres", que significa irmão.

Embora as traduções da Bíblia em grego e em latim usassem palavras no sentido restrito (irmãos) elas eram entendidas no sentido amplo (parentes) por quem conhecia a fé católica e a cultura judaica.

Por exemplo: A Septuaginta (tradução grega do Antigo Testamento hebraico, usa o grego adelphos para Lot que, na verdade, era sobrinho de Abraão [8] mas era chamado de «seu irmão» em outras passagens bíblicas. [9]

---

[8] Gn 11, 27-31
[9] Gn 13, 8 e 14, 14-16

A quem Jesus chama de irmãos?

Falava ainda Jesus à multidão quando sua mãe e seus irmãos chegaram do lado de fora, querendo falar com ele. Alguém lhe disse: "Tua mãe e teus irmãos estão lá fora e querem falar contigo".
"Quem é minha mãe, e quem são meus irmãos?", perguntou ele. E, estendendo a mão para os discípulos, disse: "Aqui estão minha mãe e meus irmãos! Pois quem faz a vontade de meu Pai que está nos céus, este é meu irmão, minha irmã e minha mãe". [10]

Pintura de James Tissot

---

[10] Mateus 12:46-50

A Biblia não diz que Maria era mãe dos irmãos de Jesus

A Bíblia <u>não diz</u> que Maria de Nazaré teve outros filhos além de Jesus.

A Bíblia diz que Jesus, filho de Maria de Nazaré, teve irmãos mas <u>não diz</u> que eram filhos de Maria de Nazaré e José:

O Evangelho de Mateus diz: Não é ele o filho do carpinteiro? Sua mãe não se chama Maria, e seus irmãos não são Tiago, José, Simão e Judas? E suas irmãs não estão todas conosco? De onde, então, lhe vem tudo isso? [11]

O Evangelho de Marcos diz: Não é ele o carpinteiro, o filho de Maria, o irmão de Tiago, de José, de Judas e de Simão? Não vivem aqui entre nós também suas irmãs? E ficaram perplexos a seu respeito. [12]

---

[11] Mateus 13,55-56
[12] Marcos 6,3

As Marias ao pé da cruz

Pintura de James Tissot mostrando a visão que Jesus tinha a partir da cruz.

Ao pé da cruz de Jesus, ao centro, estavam:

João <apóstolo>;

Maria de Nazaré <mãe de Jesus>;

a irmã da mãe de Jesus, Maria de Cleofas <mãe de Tiago-o menor, e de José>;

Salomé <mãe dos filhos de Zebedeu> e

Maria Madalena. [13] [14] [15]

---

[13] João 19,25
[14] Marcos 15,40
[15] Mateus 27,55-56

Os apóstolos e o parentesco com Jesus

A pintura de James Tissot assim representa os apóstolos:

Os doze apóstolos eram: Simão Pedro, André ,Tiago <o maior>, João , Filipe, Natanael Bartolomeu, Tomé Dídimo, Levi Mateus, Tiago <o menor>, Judas Tadeu , Simão <o cananeu>, Judas Iscariotes.

O Evangelho de Mateus os apresenta assim:

Eis os nomes dos doze apóstolos: o primeiro, Simão, chamado Pedro; depois André, seu irmão. Tiago, filho de Zebedeu, e João, seu irmão. Filipe e Bartolomeu. Tomé e Mateus, o publicano. Tiago, filho de Alfeu, e Tadeu. Simão, o cananeu, e Judas Iscariotes, que foi o traidor. [16]

No Evangelho de Marcos consta que:

Ao passar, viu Levi, o filho de Alfeu, sentado na coletoria de impostos, e disse-lhe: 'Segue-me'! Ele se levantou e seguiu-o.[17]

---

[16] Mateus 10,2-4
[17] Marcos 2,14

Eram: Simão (a quem deu o nome de Pedro); Tiago, o filho de Zebedeu, e João, seu irmão (aos quais deu o nome de Boanerges, que quer dizer 'filhos do trovão'); e ainda André, Filipe, Bartolomeu, Mateus, Tomé, Tiago filho de Alfeu, Tadeu, Simão, o cananeu, e Judas Iscariotes, aquele que o traiu. [18]

No Evangelho de Lucas temos que:

Ao amanhecer, chamou os discípulos e escolheu doze entre eles, aos quais deu o nome de apóstolos: Simão, a quem chamou Pedro, e seu irmão André; Tiago e João; Filipe e Bartolomeu; Mateus e Tomé; Tiago, filho de Alfeu, e Simão, chamado zelote; Judas, filho de Tiago, e Judas Iscariotes, que se tornou o traidor. [19]

No Evangelho de João é citado Natanael, que acredita-se ser o primeiro nome de Bartolomeu:

Estavam juntos Simão Pedro, e Tomé, chamado Dídimo, e Natanael, o de Caná da Galileia, os filhos de Zebedeu, e outros dois dos seus discípulos.[20]

Depois da morte de Jesus e de seu traidor Judas Iscariotes, os apóstolos escolheram a Matias como substituto.[21]

Além dos 12 apóstolos, depois da sua ressurreição, Jesus converteu a Saulo, a quem chamou de Paulo, e o fez seu apóstolo.

---

[18] Marcos 3,16-19
[19] Lucas 6,13-16
[20] João 21,2
[21] Atos 1,23-26

André na pintura de James Tissot

Caminhando ao longo do mar da Galileia, Jesus viu dois irmãos: Simão (chamado Pedro) e André, seu irmão, que lançavam a rede ao mar, pois eram pescadores.[22] André e seu irmão Simão Pedro eram filhos de um pescador chamado Jonas ou João. André nasceu em Betsaida. Simão Pedro aparece com quatro nomes diferentes: Simeon; Simão; Cefas; Pedro.

---

[22] Mateus 4,18

Simão Pedro na pintura de James Tissot

Tiago <o menor> ; Judas Tadeu e Simão <o cananeu> <o zelote>
eram filhos de Alfeu e Maria Cleofas. Alfeu era pai de Levi Mateus
por um primeiro casamento. Maria Cleofas era filha de Maria Heli cc
Cleofas. Maria Heli era irmã de Maria de Nazaré, a mãe de Jesus.

Tiago <o menor> na pintura de James Tissot

Judas Tadeu na pintura de James Tissot

Simão <o cananeu> <o zelote> na pintura de James Tissot

Levi Mateus na pintura de James Tissot

Tiago <o maior> e João eram filhos de Zebedeu e Maria Salomé. Jesus chamou a ambos de <filhos do trovão>. Maria Salomé era filha de Sobe, irmã da Ana que era mãe da Maria de Nazaré, a mãe de Jesus.

Tiago <o maior> na pintura de James Tissot

João na pintura de James Tissot

Natanael Bartolomeu – Os Evangelhos de Marcos, Mateus e Lucas concordam que seu nome era Bartolomeu. O Evangelho de João o chama de Natanael. A palavra aramaica bar significa "filho", por isso o nome Bartolomeu significa "filho de Talmai".

<u>Natanael Bartolomeu na pintura de James Tissot</u>

Judas Iscariotes –A Palavra aramaica Iscariotes significa "homem de Queriote". Queriote era uma cidade próxima a Hebrom. Contudo, João diz-nos que Judas era filho de Simão.

24

<u>Judas Iscariotes na pintura de James Tissot</u>

Filipe – O Evangelho de João é o único a dar um pouco mais de informação sobre Filipe.

25

<u>Filipe na pintura de James Tissot</u>

Filipe – O Evangelho de João é o único a dar um pouco mais de informação sobre Filipe.

Tomé Dídimo – A palavra grega para "gêmeos" assim como a palavra hebraica t'hom significa "gêmeo".

<u>Tomé Dídimo na pintura de James Tissot</u>

Matias – Um sorteio apontou Matias para substituir Judas Iscariotes. Matias concorreu com José <o justo> pois ambos satisfaziam os requisitos. José< o justo> era filho da Maria Cleofas e seu segundo marido, Sabas. Maria Cleofas era filha de Maria Heli cc Cleofas. Maria Heli era irmã de Maria de Nazaré, a mãe de Jesus.

<u>Matias na pintura de Pieter Paul Rubens</u>

Jesus recomendou aos 12 apóstolos que se dirigissem aos judeus. [23] O escolhido para levar o Evangelho aos povos não-judeus foi Saulo, depois chamado Paulo <o apóstolo dos gentios>.[24]

Saulo Paulo na pintura de James Tissot

---

[23] Mateus 10, 5
[24] Atos dos Apóstolos 9, 15 ; 22,21

Tiago <irmão de Jesus>

Tiago <o menor>, filho de Maria de Cleofas, era chamado de irmão do Senhor: 'mas dos apóstolos não vi a nenhum, senão a Tiago, irmão do Senhor'. [25]

O nome Tiago tem origem no nome latino Iacobus, que por sua vez é uma latinização do nome hebreu Ya'akov ou Jacó. Dependendo da lingua pode aparecer como as variantes Jaime, Diogo, Jacob, Jacobo, James, entre outras.

Haviam dois Tiagos entre os apóstolos: Tiago<o menor>, filho de Alfeu e Maria de Cleofas, e Tiago o Maior, filho de Zebedeu e Maria Salomé. [26] [27] [28] [29] [30] [31] [32] [33]

***

---

[25] Gálatas 1,19
[26] Marcos 15,40
[27] Mateus 27,56
[28] Mateus 10,3
[29] Marcos 3,18
[30] Lucas 6,15:
[31] Mateus 4,21
[32] Judas 1,1
[33] Atos dos Apóstolos 1,13

Foi encontrada uma urna com ossadas do século I. A urna atraiu a atenção da comunidade acadêmica por sua aparente associação com a sagrada família cristã, mas embora a urna seja aceita como autêntica para a época, a inscrição 'Tiago, filho de José, irmão de Jesus' parece forjada. [34] Mesmo que a inscrição fosse verdadeira, nada garante que se refira aos personagens bíblicos, e também não diz que Tiago era filho de Maria de Nazaré.

---

[34] https://en.wikipedia.org/wiki/James_Ossuary

O único filho de Maria de Nazaré

A pintura de James Tissot mostra João e Maria em pé ouvindo a Jesus crucificado.

Jesus, ao ver sua mãe e, ao lado dela, o discípulo que ele amava, disse à mãe: 'Mulher, eis o teu filho!' [35]

Jesus,ao morrer, confiou sua mãe Maria, aos cuidados de João Evangelista, filho de Zebedeu e Salomé. Onde estavam os irmãos de Jesus? Não tinha irmão com quem deixá-la.

____

[35] João 19,26

Se a Virgem Maria tivesse tido outros filhos e filhas vivos no tempo da crucifixão, não teria sentido Jesus ter pedido a João para que cuidasse dela.

A Igreja Católica sempre afirmou que a Virgem Maria não teve outros filhos, e que ela permaneceu virgem antes, durante e depois do parto do Filho de Deus.

A virgindade perpétua de Maria Santíssima foi proclamada em 649, no Concílio de Latrão. [36]

Quando Jesus é chamado de primogênito[37] isto significa que não teve irmão antes dele, mas também não significa que houveram irmãos depois dele. Foi encontrada uma inscrição grega numa sepultura em Tel el Yaoudieh que uma mãe faleceu ao dar à luz ao seu único filho: «Nas dores do parto de meu filho primogênito, o destino me trouxe o fim da vida». [38]

---

[36] Concílio de Latrão -- 649 *, cânon 2. Denzinger, 255
DS: H. Denzinger - A. Schönmetzer, Enchiridion Symbolorum, Definitionum et Declarationum de Rebus Fidei et Morum, Editio XXXV emendata, Romae 1973
[37] Lucas 2,7
[38] Biblical 11, 1930, pp.369-390

Vozes concordantes

Ao longo dos séculos houveram vozes concordantes e discordantes a respeito de Jesus Cristo ter sido o único filho de Maria de Nazaré.

Segue uma lista com alguns dos nomes das vozes concordantes:

* Século II:

Protoevangelho de Tiago.

* Século IV:

Jerônimo em seu tratado Contra Helvidio, cerca de 383.

Ambrosio, arcebispo de Milão. Sínodo de Milão em 390.

* Século V:

Agostinho de Hipona.

Concílio de Éfeso em 431.

* Século VI:

Segundo Concílio de Constantinopla em 553.

* Século VII:

Concílio de Latrão em 649.

* Século XIII:

Tomás de Aquino depois de 1265.

* Século XVI:

Lutero em Artigos de Esmalcalde em 1537.

Somos todos irmãos: Estudo da encíclica Fratelli Tutti

Na encíclica 'Fratelli tutti' o Papa Francisco nos convida a todos a sermos altruístas.

A encíclica Fratelli Tutti sobre fraternidade e amizade social está disponível em:

http://www.vatican.va/content/francesco/pt/encyclicals/documents/papa-francesco_20201003_enciclica-fratelli-tutti.html

A encíclica tem 287 parágrafos. Listamos o número de cada parágrafo, depois uma palavra significativa de todo o parágrafo e acrescentamos uma síntese, sempre com um verbo de ação. Lembrando que, como diz o ditado popular: "Intenção sem ação é ilusão!".

INTRODUÇÃO

001.Convite: Amar ao próximo e ao distante.

002.União: Ir ao encontro dos necessitados.

003.Paz: Evitar toda a forma de agressão.

004.Harmonia: Viver em harmonia com todos.

005.Convivência: Conviver entre si como irmãos.

006.Reflexão: Abrir-se ao diálogo com todas as pessoas de boa vontade, que não ignoram os outros.

007.Breakthrough: Descobrir novas formas de agir em conjunto, de resolver os problemas que nos afetam a todos.

008.Sonho: Fazer renascer, entre todos, um anseio mundial de fraternidade. Uma única humanidade, cada qual com suas convicções, cada qual com a própria voz, mas todos irmãos.

Capítulo I AS SOMBRAS DUM MUNDO FECHADO

009.Obstáculos: Manter-se atento ao que dificulta o desenvolvimento da fraternidade universal.

010.Experiências: Reconhecer o anseio de integração,nas experiências da União Europeia, da região latino-americana, e de outros países e regiões.

011.Caminho: Conquistar a cada dia o bem, o amor, a justiça e a solidariedade. Não contentar-se com o que já se obteve no passado pois muitos dos nossos irmãos ainda sofrem situações de injustiça.

012.Globalismo não: Não impor um modelo global cultural único, pois unifica o mundo, mas divide as pessoas e as nações, porque a sociedade cada vez mais globalizada torna-nos vizinhos, mas não nos faz irmãos. O globalismo favorece os mais fortes mas dissolve as identidades das regiões mais frágeis.

013.Ideologias não: Não desprezar a história, não rejeitar a riqueza espiritual e humana que se foi transmitindo através das gerações, não ignorar tudo quanto nos precedeu. Rejeitar as ideologias de variadas cores, que destroem tudo o que for diferente.

014.Manipulação não: Não esvaziar de sentido as palavras 'democracia', 'liberdade', 'justiça', 'unidade', pois ao esvazia-las, dissolve a consciência histórica, o pensamento crítico, o empenho pela justiça e os percursos de integração. Rejeitar as novas formas de colonização cultural. Os povos que alienam a sua tradição e toleram que se lhes roube a alma, perdem, juntamente com a própria fisionomia espiritual, a sua consistência moral e, por fim, a independência ideológica, econômica e política.

015.Desqualificação não: Não semear o desânimo e não despertar uma desconfiança constante. Não ridicularizar, não insinuar suspeitas, não reprimir. A política tem que ser um debate saudável sobre projetos a longo prazo para o desenvolvimento de todos e o bem comum. A política não deve utilizar as receitas efêmeras de marketing cujo recurso mais eficaz está na desqualificação do outro.

016.Projeto: Levantar a cabeça para reconhecer o vizinho ou ficar ao lado de quem está caído na estrada? Hoje, um projeto com grandes objetivos para o desenvolvimento de toda a humanidade soa como um delírio.

017.Juntos: Cuidar do mundo que nos rodeia e sustenta significa cuidar de nós mesmos. Mas precisamos de nos constituirmos como um «nós» que habita a casa comum.

018.Desperdício não: Tornar-se sensível a qualquer forma de desperdício. Respeitar e tutelar os pobres , deficientes, nascituros, idosos.

019.Abandono não: Não isolar os idosos, pois abandoná-los à responsabilidade de outros sem um acompanhamento familiar adequado e amoroso mutila e empobrece a própria família, e acaba por privar os jovens daquele contato que lhes é necessário com as suas raízes e com uma sabedoria que a juventude, sozinha, não pode alcançar.

020.Racismo não: Rejeitar as expressões de racismo.

021.Desenvolvimento: Buscar o desenvolvimento humano integral. Analisar e compreender a pobreza no contexto das possibilidades reais dum momento histórico concreto.

022.Direitos: Buscar direitos humanos iguais para todos. Quando a dignidade do homem é respeitada e os seus direitos são reconhecidos e garantidos, florescem também a criatividade e a audácia, podendo a pessoa humana explanar suas inúmeras iniciativas a favor do bem comum. Evitar modelo econômico fundado apenas no lucro, que não hesita em explorar, descartar e até matar o ser humano. Enquanto uma parte da humanidade vive na opulência, outra parte vê a própria dignidade não reconhecida, desprezada ou espezinhada e os seus direitos fundamentais ignorados ou violados.

023.Mulheres: Agir para que as mulheres tenham exatamente a mesma dignidade e idênticos direitos que os homens.

024.Liberdade: Tratar todas pessoas como seres humanos e não objetos. Rejeitar o uso da força, do engano, da coação física ou psicológica, pois estes privam a pessoa humana da sua liberdade.

025.Guerras não: Evitar guerras, atentados, perseguições por motivos raciais ou religiosos e outras afrontas contra a dignidade humana.

026.Unidade: Buscar horizontes capazes de nos fazer convergir para a unidade, evitando todas as situações de ameaça pois estas alimentam a desconfiança e o afastamento.

027.Muros não: Evitar a tentação de fazer uma cultura dos muros, de erguer os muros, muros no coração, muros na terra, para impedir este encontro com outras culturas, com outras pessoas. Quem levanta um muro, quem constrói um muro, acabará escravo dentro dos muros que construiu, sem horizontes.

028.Máfia não: Evitar as máfias «protetoras» dos esquecidos, que através de vários tipos de ajuda, perseguem os seus interesses criminosos. O falso espírito comunitário, cria laços de dependência e subordinação, dos quais é muito difícil libertar-se.

029.Omissão não: Lutar contra a deterioração da ética, enfraquecimento dos valores espirituais e do sentido de responsabilidade. Crises políticas e economicas fazem morrer milhões de crianças por causa da pobreza e da fome.

030.Encontro: Buscar construir juntos a justiça e a paz. Não esquecer que nos encontramos todos no mesmo barco. Não deixar para trás os grandes valores fraternos. O caminho para voltar a dar esperança e realizar uma renovação, é a proximidade, a cultura do encontro. O isolamento, não; a proximidade, sim. Cultura do confronto, não; cultura do encontro, sim.

031.Inclusão: Buscar uma equidade e uma inclusão social cada vez maior! Como seria bom se, enquanto descobrimos novos planetas longínquos, também descobríssemos as necessidades do irmão e da irmã que orbitam ao nosso redor!

032.Salvação: Manter desperta a consciência de sermos uma comunidade mundial que viaja no mesmo barco, onde o mal de um prejudica a todos. Recordamo-nos de que ninguém se salva sozinho, que só é possível salvar-nos juntos.

033.Apelo: Repensar os nossos estilos de vida, as nossas relações, a organização das nossas sociedades e sobretudo o sentido da nossa existência.

034.Humildade: Reconhecer que,se tudo está interligado, então este desastre mundial (a pandemia) tem a ver com a nossa maneira de encarar a realidade, onde pretendemos ser senhores absolutos da própria vida e de tudo o que existe. Sejamos mais humildes e reconheçamos nossa pequenez.

035.Aprendizado: Lembrar dos idosos que morreram por falta de respiradores, em parte como resultado de sistemas de saúde que foram sendo desmantelados ano após ano. Vamos dar um salto para uma nova forma de viver e descubramos, enfim, que precisamos e somos devedores uns dos outros, para que a humanidade renasça com todos os rostos, todas as mãos e todas as vozes, livre das fronteiras que criamos.

036.Solidariedade: Recuperar a paixão compartilhada por uma comunidade de pertença e solidariedade, à qual saibamos destinar tempo, esforço e bens.

037.Populismo não: Reconhecer que , atrás de afirmações abstratas difíceis de sustentar, há muitas vidas dilaceradas. Muitos fogem da guerra, de perseguições, de catástrofes naturais. Outros andam à procura de oportunidades para si e para a sua família. Sonham com um futuro melhor, e desejam criar condições para que se realize.

038.Direitos: Reafirmar o direito a não emigrar, isto é, a ter condições para permanecer na própria terra. As pessoas que emigram experimentam a separação do seu contexto de origem e um desenraizamento cultural e religioso.

039.Fraternidade: Defender que os imigrantes têm a mesma dignidade intrínseca de todo e qualquer ser humano, o mesmo valor, a mesma importância. É inaceitável que os cristãos partilhem esta mentalidade e estas atitudes, fazendo às vezes prevalecer determinadas preferências políticas em vez das profundas convicções da sua própria fé: a dignidade inalienável de toda a pessoa humana, independentemente da sua origem, cor ou religião, e a lei suprema do amor fraterno.

040.Equilíbrio: Defender a centralidade da pessoa humana e encontrar o justo equilíbrio entre estes dois deveres: o dever moral de tutelar os direitos dos seus cidadãos e o dever de garantir a assistência e o acolhimento dos imigrantes.

041.Desarme: Dominar o instinto natural de autodefesa. Ultrapassar estas reações primárias, porque o problema surge quando o medo condiciona o nosso modo de pensar e agir, que nos tornam intolerantes, fechados, talvez até racistas. O medo priva-nos do desejo e da capacidade de encontrar o outro.

042.Privacidade: Cuidar do direito à intimidade e ao respeito mútuo.

043.Presencial: Buscar a comunicação presencial. Fazem falta gestos físicos, expressões do rosto, silêncios, linguagem corpórea e até o perfume, o tremor das mãos, o rubor, a transpiração, porque tudo isso fala e faz parte da comunicação humana. A conexão digital não basta para lançar pontes, não é capaz de unir a humanidade.

044.Agressividade não: Evitar a agressividade social que encontra um espaço de ampliação incomparável nos dispositivos móveis e nos computadores.

045.Grupos: Precaver-se de mecanismos de manipulação de consciências e do processo democrático. O funcionamento de muitas plataformas acaba frequentemente por favorecer o encontro entre pessoas com as mesmas ideias, dificultando o confronto entre as diferenças.

046.Fanatismo não: Evitar ultrapassar os limites do respeito ao outro. Não tolerar a difamação e a calúnia. Manter a ética e o respeito pela reputação alheia.

047.Isolamento não: Evitar fugir da realidade. Evitar escolher as pessoas com quem se decide partilhar o mundo.

048.Escuta: Sentar-se a escutar o outro, caraterístico dum encontro humano, é um paradigma de atitude recetiva, de quem supera o narcisismo e acolhe o outro, presta-lhe atenção, dá-lhe lugar no próprio círculo. Escutar bem o que outro diz. Não interromper e querer replicar quando o outro ainda não acabou de falar.

049.Comunicação: Praticar o silêncio e a escuta, estrutura básica duma comunicação humana sábia. Praticar a reflexão serena que pode levar a uma sabedoria comum.

050.Essencial: Buscar juntos a verdade no diálogo, na conversa tranquila ou na discussão apaixonada. É um caminho perseverante, feito também de silêncios e sofrimentos, capaz de recolher pacientemente a vasta experiência das pessoas e dos povos. Reconhecer o que é essencial para dar um sentido à existência. Um caminho de fraternidade, local e universal, só pode ser percorrido por espíritos livres e dispostos a encontros reais.

051.Identidade: Ajudar que cada país cresça com o seu estilo peculiar, desenvolvendo as suas capacidades de inovar a partir dos valores da sua própria cultura. Criar, ao invés de comprar,eleva a autoestima nacional.

052.Exploração não: Evitar destruir a autoestima. Não tirar vantagem da especulação financeira e exploração, onde aqueles que sempre ficam a perder são os pobres. Não ignorar a cultura dum povo.

053.Relações: Dar vida a relações de pertença entre os membros do povo. Criar laços de integração entre as gerações e as diferentes comunidades que o compõem. Quebrar as espirais que obscurecem os sentidos.

054.Reconhecimento: Reconhecer que as nossas vidas são tecidas e sustentadas por pessoas comuns: médicos, enfermeiros e enfermeiras, farmacêuticos, empregados dos supermercados, pessoal de limpeza, cuidadores, transportadores, homens e mulheres que trabalham para fornecer serviços essenciais e de segurança, voluntários, sacerdotes, religiosas… Reconhecer que ninguém sobrevive sozinho.

055.Esperança: Caminhar na esperança da realidade enraizada no mais fundo do ser humano, independentemente das circunstâncias concretas e dos condicionamentos históricos em que vive. Caminhar na esperança duma sede, duma aspiração, dum anseio de plenitude, de vida bem-sucedida, de querer agarrar o que é grande, o que enche o coração e eleva o espírito para coisas grandes, como a verdade, a bondade e a beleza, a justiça e o amor.

Capítulo II UM ESTRANHO NO CAMINHO

056.Ensinamento: Deixar-se interpelar pela parábola narrada por Jesus Cristo em Lc 10, 25-37. Usar de misericórdia com o próximo. Próximo é o que cruza nosso caminho.

057.Indiferença não: Criar uma cultura diferente, que nos conduza a superar as inimizades e cuidar uns dos outros.

058.Irmãos: Reconhecer o fato de que ter um mesmo Criador é a base para sustentar alguns direitos em comum.

059.Compaixão: Imitar o comportamento divino para superar a tendência de limitar o amor aos mais próximos: «A compaixão do homem tem por objeto o próximo, mas a misericórdia divina estende-se a todo o ser vivo».

060.Todos: Reconhecer que o fazer o bem é um apelo universal, que envolve a abraçar a todos, sejam bons ou sejam maus, apenas pelo fato de serem seres humanos.

061.Inclusão: Alargar o coração a fim de não excluir os imigrantes e os desprotegidos.

062.Irrelevante: Fazer o bem sem olhar a quem. Ter caridade uns para com os outros e para com todos. Ao amor não interessa se o irmão ferido vem daqui ou dacolá.

063.Dedicação: Perder uns minutos para cuidar do ferido ou, pelo menos, procurar ajuda. Dedicar o seu tempo. Deixar tudo de lado à vista do ferido e, sem o conhecer, considerá-lo digno de lhe dedicar o seu tempo.

064.Aprendizado: Interessar-se pelos outros, especialmente dos mais frágeis. Aprender a acompanhar, cuidar e sustentar os mais frágeis e vulneráveis das nossas sociedades desenvolvidas.

065.Fugir não: Evitar fugir como se não tivesse visto nada. Ver alguém que está mal não deveria nos incomodar, não deveria nos perturbar. Reconhecer que temos que dedicar tempo por culpa de problemas alheios. Não dar as costas para o sofrimento.

066.Ligação: Fazer ressurgir a nossa vocação de cidadãos do próprio país e do mundo inteiro, construtores dum novo vínculo social. Orientar-se para a prossecução do bem comum e, a partir deste objetivo, reconstrua incessantemente a sua ordem política e social, o tecido das suas relações, o seu projeto humano. A existência de cada um de nós está ligada à dos outros: a vida não é tempo que passa, mas tempo de encontro.

067.Compaixão: Refazer uma comunidade a partir de pessoas que assumem como própria a fragilidade das outras, não deixam constituir-se uma sociedade de exclusão, mas fazem-se próximas, levantam e reabilitam a pessoa caída, para que o bem seja comum.

068.Dignidade: Viver sensíveis à dor dos outros. Não podemos deixar ninguém caído nas margens da vida. Isto deve indignar-nos de tal maneira que nos faça descer da nossa serenidade alterando-nos com o sofrimento humano.

069.Sofredor: Reconhecer que há cada vez mais feridos. A inclusão ou exclusão da pessoa que sofre na margem da estrada define todos os projetos econômicos, políticos, sociais e religiosos. Reconhecer que todos somos, ou fomos, ou temos algo do ferido, do salteador, daqueles que passam ao largo e do bom samaritano.

070.Responsabilidade: Reconhecer que existem simplesmente dois tipos de pessoas: aquelas que cuidam do sofrimento e aquelas que passam ao largo. Qual deve ser nosso papel? Nos momentos de crise, a opção torna-se premente: quem não é salteador e quem não passa ao largo, ou está ferido ou carrega aos ombros algum ferido.

071.Reintegração: Confiar na parte melhor do espírito humano e, animar-se e às outras pessoas a aderir ao amor, reintegrar os marginalizados e construir uma sociedade digna de tal nome.

072.Respostas: Responder   'Não!' às questões: Deixaremos ali estirado por terra a pessoa maltratada para correr cada qual a esconder-se da violência ou a perseguir os ladrões? Será o ferido a justificação das nossas divisões irreconciliáveis, das nossas cruéis indiferenças, dos nossos confrontos internos?

073.Indiferença não: Abrir espaço dentro de si para acolher a Deus e às outras pessoas. Interessar-se pelos outros, não ficar indiferente. Não menosprezar os pobres e sua cultura. Não viver com o olhar voltado para fora.

074.Abertura: Viver a fé com abertura do coração aos irmãos é a garantia duma autêntica abertura a Deus. O fato de crer em Deus e O adorar não é garantia de viver como agrada a Deus. Não permita que sejam desprezados nenhum membro do Corpo de Cristo, isto é, os pobres que não têm que vestir.

075.Desencanto não: Evitar a desqualificação permanente de tudo. Não cair na falácia de que 'tudo está mal, ninguém o pode consertar, que posso fazer eu?' Ao contrário, alimente a esperança; estimule um espírito de solidariedade e generosidade.

076.Tocar: Olhar e tocar a pessoa desamparada. Não deixar a pessoa gravemente ferida atirada para a margem da estrada.

077.Proatividade: Ser parte ativa na reabilitação e apoio das sociedades feridas. Tomar sobre si a dor dos fracassos, em vez de fomentar ódios e ressentimentos. Ter o desejo gratuito, puro e simples de ser povo, de ser constantes e incansáveis no compromisso de incluir, integrar, levantar quem está caído. Deixemos que outros continuem a pensar na política ou na economia para os seus jogos de poder. Alimentemos o que é bom, e coloquemo-nos ao serviço do bem.

078.Coletividade: Encarar as dificuldades que parecem enormes como oportunidade para crescer. Mas não o façamos sozinhos, individualmente. Convidar outros a encontrar-nos num «nós» mais forte do que a soma de pequenas individualidades. O todo é mais do que a parte, sendo também mais do que a simples soma delas.

079.Dever: Servir ao próximo sem esperar reconhecimentos nem obrigados. A dedicação ao serviço ao próximo é a grande satisfação diante de Deus.

080.Próximo: Ajudar a qualquer pessoa necessitada. Não se perguntar quem é próximo a nós, mas se tornar nós mesmos vizinhos, próximos.

081.Presente: Fazer-se presente a quem precisa de ajuda, independentemente de fazer parte ou não do próprio círculo de pertença. Assim, já não digo que tenho «próximos» a quem devo ajudar, mas que me sinto chamado a tornar-me eu um próximo dos outros.

082.Abertura: Refletir um amor que se abre a todos, amigos e inimigos.

083.Ampliação: Ampliar o nosso círculo e dar à nossa capacidade de amar uma dimensão universal capaz de ultrapassar todos os preconceitos, todas as barreiras históricas ou culturais, todos os interesses mesquinhos.

084.Identificação: Alegrar-se com os que se alegram, chorar com os que choram. Quando o coração assume esta atitude, é capaz de se identificar com o outro sem se importar com o lugar onde nasceu nem donde vem.

085.Cristo: Reconhecer o próprio Cristo em cada pessoa abandonada ou excluída.

086.Humanismo: Condenar energicamente a escravatura e várias formas de violência. Combater as várias formas de nacionalismo fechado e violento, atitudes xenófobas, desprezo e até maus-tratos àqueles que são diferentes. Pregar, de forma mais direta e clara, o sentido social da existência, a dimensão fraterna da espiritualidade, a convicção sobre a dignidade inalienável de cada pessoa e as motivações para amar e acolher a todos.

Capítulo III PENSAR E GERAR UM MUNDO ABERTO

087.Realização: Realizar-se, desenvolver-se, encontrar a sua plenitude no sincero dom de si mesmo aos outros. Reconhecer a sua própria verdade no encontro com os outros. A vida subsiste onde há vínculo, comunhão, fraternidade. Não há vida quando se tem a pretensão de pertencer apenas a si mesmo e de viver como ilhas.

088.Partida: Sair de si mesmo para encontrar nos outros um acrescentamento de ser. Partir de si mesmo, deixar de procurar apoio em si mesmo, deixar-se levar.

089.Amplitude: Abrir o coração em redor, para nos tornar capazes de sair de nós mesmos até acolher a todos.É impossível compreender-me a mim mesmo sem uma teia mais ampla de relações: e não só as do momento atual, mas também as relações dos anos anteriores que me foram configurando ao longo da minha vida. Abrir-se aos outros que nos fazem crescer. O amor autêntico habita em corações que se deixam completar.

090.Hospitalidade: Desenvolver uma generosa capacidade de acolhimento dos peregrinos que passam. Tratar os pobres e os peregrinos com toda a consideração e carinho possíveis. A hospitalidade é a capacidade das pessoas de se transcender a si mesmas numa abertura aos outros.

091.Caridade: Realizar sua caridade, que é o seu dinamismo de abertura e união para com outras pessoas. As suas outras virtudes, sem a caridade, não cumprem estritamente os mandamentos como Deus os compreende.

092.Utilidade: Praticar o amor, que constitui o critério para a decisão definitiva sobre o valor ou a inutilidade duma vida humana.

093.Estima: Centrar a atenção no outro considerando-o como um só comigo mesmo. A atenção afetiva prestada ao outro provoca uma orientação que leva a procurar o seu bem gratuitamente.

094.Relacionamento: Procurar o melhor para a vida da outra pessoa. Só cultivando esta forma de nos relacionarmos é que tornaremos possível aquela amizade social que não exclui ninguém e a fraternidade aberta a todos.

095.Universal: Buscar a comunhão universal. Não se isole. Aumente sua capacidade de acolher os outros, rumo a um sentido pleno de mútua pertença.

096.Comunidade: Ir além dos próprios limites. Tornar mais palpável a consciência da unidade e partilha dum destino comum entre as nações da terra. Semear a vocação a formar uma comunidade feita de irmãos que se acolhem mutuamente e cuidam uns dos outros.

097.Existencial: Alargar o meu círculo, chegar àqueles que espontaneamente não sinto como parte do meu mundo de interesses, embora se encontrem perto de mim.

098.Participação: Incluir pessoas com deficiência ou idosas para que sintam que vivem com pertença e com participação. O objetivo não é apenas cuidar delas, mas acompanhá-las e "ungi-las" de dignidade para uma participação ativa na comunidade civil e eclesial. Reconhecer cada um como pessoa única e irrepetível. Todos, deficientes ou idosos, podem dar uma contribuição singular para o bem comum através de sua biografia original. Vamos dar voz àqueles que são discriminados por causa de sua condição de deficiência ou idade.

099.Amizade: Estender o amor para além das fronteiras. Se for genuína, esta amizade social dentro duma sociedade é condição para possibilitar uma verdadeira abertura universal.

100.Policromático: Rejeitar uma globalização que pretenda fazer a todos iguais, como se fosse uma esfera, tal globalização destrói a riqueza e a singularidade de cada pessoa e de cada povo. Este falso sonho universalista acaba por privar o mundo da variedade das suas cores, da sua beleza e, em última análise, da sua humanidade. Vamos contemplar a humanidade em sua variedade e na diversidade das contribuições que cada um pode dar. Aprender a viver conjuntamente em harmonia e paz, sem necessidade de sermos todos iguais!

101.Chamada: Ouvir a chamada íntima a fazer-se próximo. Seja capaz de interromper a sua viagem, mudar os seus programas, estar disponível para se abrir à surpresa da pessoa que precisa de você.

102.Exclusividade não: Evitar participar de grupos sociais que se agarram a uma identidade que os separa dos outros. Não aceite ser próximo apenas de quem me permite consolidar os benefícios pessoais.

103.Fraternidade: Buscar uma fraternidade conscientemente cultivada, uma vontade política de fraternidade, traduzida numa educação para a fraternidade, o diálogo, a descoberta da reciprocidade e enriquecimento mútuo como valores.

104.Igualdade: Realizar um cultivo consciente e pedagógico da fraternidade e não simplesmente buscar uma igualdade definindo, abstratamente, que todos os seres humanos são iguais.

105.Liberdade: Recusar o individualismo radical, como se, acumulando ambições e seguranças individuais, pudéssemos construir o bem comum. O individualismo não nos torna mais livres, mais iguais, mais irmãos. A mera soma dos interesses individuais não é capaz de gerar um mundo melhor para toda a humanidade.

106.Valor: Dar-se conta de quanto vale um ser humano, de quanto vale uma pessoa, sempre e em qualquer circunstância. Se cada um vale assim tanto, temos de dizer clara e firmemente que o simples facto de ter nascido num lugar com menores recursos ou menor desenvolvimento não justifica que algumas pessoas vivam menos dignamente.

107.Dignidade: Assegurar que todo o ser humano tem direito de viver com dignidade e desenvolver-se integralmente. A dignidade da pessoa humana se baseia, não nas circunstâncias, mas no valor do seu ser.

108.Estado: Investir a favor das pessoas frágeis pode não ser rentável, pode implicar menor eficiência; requer um Estado presente e ativo e instituições da sociedade civil que ultrapassem a liberdade dos mecanismos eficientistas de certos sistemas económicos, políticos ou ideológicos, porque estão verdadeiramente orientados em primeiro lugar para as pessoas e o bem comum.

109.Equilíbrio: Assegurar liberdade aos que nascem em famílias com boas condições econômicas, recebem boa educação, crescem bem alimentados, ou possuem por natureza notáveis capacidades. Assegurar um Estado ativo às pessoas com deficiência, ou às que nasceram num lar extremamente pobre, ou às que cresceram com uma educação de baixa qualidade e com reduzidas possibilidades para cuidar adequadamente das suas enfermidades. Buscar equilíbrio entre Liberdade de Mercado e eficiência aos mais favorecidos e atuação do Estado para ajudar os menos favorecidos.

110.Acompanhamento: Preocupar-se por garantir, de modo eficiente e estável, que todos sejam acompanhados no percurso da sua vida, não apenas para assegurar as suas necessidades básicas, mas para que possam dar o melhor de si mesmos, ainda que o seu rendimento não seja o melhor, mesmo que sejam lentos, embora a sua eficiência não seja relevante.

111.Privilégios não: Ter cuidado para não cair em alguns equívocos que podem surgir de um errado conceito de direitos humanos e de um abuso paradoxal dos mesmos. De fato, há hoje a tendência para uma reivindicação crescente de direitos individuais – sinto-me tentado a dizer individualistas –, que esconde uma concepção de pessoa humana separada de todo o contexto social e antropológico. Se o direito de cada um não está harmoniosamente ordenado para o bem maior, acaba por conceber-se sem limitações e, por conseguinte, tornar-se fonte de conflito e violência.

112.Benevolência: Procurar um desenvolvimento das pessoas e das sociedades nos distintos valores morais que concorrem para um amadurecimento integral. Buscar o melhor para os outros: o seu amadurecimento, o seu crescimento numa vida saudável, o cultivo dos valores e não só o bem-estar material.

113.Corrupção não: Voltar a promover o bem, para nós mesmos e para toda a humanidade, e assim caminharemos juntos para um crescimento genuíno e integral. Cada sociedade precisa garantir a transmissão dos valores: ética, bondade, fé, honestidade; caso contrário, transmitem-se o egoísmo, a violência, a corrupção nas suas diversas formas, a indiferença.

114.Formação: Chamar as famílias, para uma missão educativa primária e imprescindível: viver e transmitir os valores do amor e da fraternidade, da convivência e da partilha, da atenção e do cuidado pelo outro. E também a transmissão da fé. Chamar os educadores de crianças e jovens para sua responsabilidade de desenvolver as dimensões moral, espiritual e social da pessoa. Os valores da liberdade, respeito mútuo e solidariedade podem ser transmitidos desde a mais tenra idade. Chamar os agentes culturais e os meios de comunicação social à suas responsabilidades no campo da educação e da formação.

115.Solidariedade: Invocar a solidez que deriva do fato de nos sabermos responsáveis pela fragilidade dos outros na procura dum destino comum. A solidariedade manifesta-se nas variadas formas de cuidar dos outros. Servir significa cuidar dos frágeis das nossas famílias, da nossa sociedade, do nosso povo. O serviço nunca é ideológico, dado que não servimos ideias, mas pessoas.

116.Comunidade: Pensar e agir em termos de comunidade, de prioridade da vida de todos sobre a apropriação dos bens por parte de alguns. Lutar contra as causas estruturais da pobreza, a desigualdade, a falta de trabalho, a terra e a casa, a negação dos direitos sociais e laborais.

117.Planeta: Cuidar da casa comum, que é o planeta. Consciência universal e preocupação pelo cuidado mútuo. Reconhecer os direitos de todo o ser humano, incluindo os nascidos fora das nossas próprias fronteiras.

118.Privilégios não: Não usar as diferenças de cor, religião, capacidade, local de nascimento, lugar de residência e muitas outras para justificar privilégios de alguns em detrimento dos direitos de todos. Garantir que cada pessoa viva com dignidade e disponha de adequadas oportunidades para o seu desenvolvimento integral.

119.Reflexão: Pensar que, se alguém não tem o necessário para viver com dignidade, é porque outrem se está a apropriar do que lhe é devido. Quando damos aos indigentes o que lhes é necessário, não oferecemos o que é nosso; limitamo-nos a restituir o que lhes pertence.

120.Propriedade: Salientar a função social de qualquer forma de propriedade privada. A tradição cristã nunca reconheceu como absoluto ou intocável o direito à propriedade privada. O direito à propriedade privada só pode ser considerado como um direito natural secundário e derivado do princípio do destino universal dos bens criados, e isto tem consequências muito concretas que se devem refletir no funcionamento da sociedade.

121.Inclusão: Não excluir ninguém. É inaceitável que uma pessoa tenha menos direitos pelo simples fato de ser mulher, de igual modo é inaceitável que o local de nascimento ou de residência determine, de por si, menores oportunidades de vida digna e de desenvolvimento.

122.Desenvolvimento: Assegurar os direitos humanos, pessoais e sociais, econômicos e políticos, incluindo os direitos das nações e dos povos. O direito de alguns à liberdade de empresa ou de mercado não pode estar acima dos direitos dos povos e da dignidade dos pobres; nem acima do respeito pelo ambiente.

123.Talentos: Promover o seu próprio crescimento multiplicando os talentos que Deus lhe deu. Isto inclui a implementação das capacidades econômicas e tecnológicas para fazer crescer os bens e aumentar a riqueza. As capacidades dos empresários, que são um dom de Deus, deveriam orientar-se para o desenvolvimento das outras pessoas e a superação da miséria, especialmente através da criação de oportunidades de trabalho diversificadas.

124.Fronteiras não: Aceitar que cada país é também do estrangeiro, já que os bens dum território não devem ser negados a uma pessoa necessitada que provenha doutro lugar. Pois há direitos fundamentais que precedem qualquer sociedade, porque derivam da dignidade concedida a cada pessoa enquanto criada por Deus.

125.Responsabilidade: Ser corresponsável pelo desenvolvimento dos povos de outros países e também pelo desenvolvimento das diferentes regiões de nosso país. Cumprir tal responsabilidade de várias maneiras: acolhendo-os generosamente quando o requeira uma necessidade imperiosa, promovendo-os na sua própria terra, não desfrutando nem esvaziando de recursos naturais a países inteiros, e não favorecendo sistemas corruptos que impedem o desenvolvimento digno dos povos.

126.Crescimento: Pensar numa ética das relações internacionais. Reconhecer e respeitar não só os direitos individuais, mas também os direitos sociais e os direitos dos povos. Toda a dívida legitimamente contraída deve ser paga, mas a maneira de cumprir este dever que muitos países pobres têm para com países ricos não deve levar a comprometer a sua subsistência e crescimento.

127.Diferente: Aceitar o desafio de sonhar e pensar numa humanidade diferente. É possível desejar um planeta que garanta terra, teto e trabalho para todos. Este é o verdadeiro caminho da paz.Com efeito, a paz real e duradoura é possível só a partir de uma ética global de solidariedade e cooperação ao serviço de um futuro modelado pela interdependência e a corresponsabilidade na família humana inteira.

Capítulo IV UM CORAÇÃO ABERTO AO MUNDO INTEIRO

128.Concreta: Tornar verdade encarnada e concreta a afirmação de que irmãos e irmãs somos todos. Assumir uma série de desafios que nos fazem mover, obrigam a assumir novas perspectivas e produzir novas reações.

129.Migrantes: Acolher, proteger, promover e integrar as pessoas migrantes. Respeitar o direito que tem todo o ser humano de encontrar um lugar onde possa não apenas satisfazer as necessidades básicas dele e da sua família, mas também realizar-se plenamente como pessoa. O ideal seria tornar desnecessárias as migrações. Criar reais possibilidades de viver e crescer com dignidade nos países de origem.

130.Integração: Incrementar e simplificar a concessão de vistos, adotar programas de patrocínio privado e comunitário, abrir corredores humanitários para os refugiados mais vulneráveis, oferecer um alojamento adequado e decente, garantir a segurança pessoal e o acesso aos serviços essenciais, assegurar uma adequada assistência consular, o direito de manter sempre consigo os documentos pessoais de identidade, um acesso imparcial à justiça, a possibilidade de abrir contas bancárias e a garantia do necessário para a subsistência vital, dar-lhes liberdade de movimento e a possibilidade de trabalhar, proteger os menores e assegurar-lhes o acesso regular à educação, prever programas de custódia temporária ou acolhimento, garantir a liberdade religiosa, promover a sua inserção social, favorecer a reunificação familiar e preparar as comunidades locais para os processos de integração.

131.Cidadania: Empenhar-se por estabelecer nas nossas sociedades o conceito de cidadania plena e renunciar ao uso discriminatório do termo minorias, que traz consigo as sementes de se sentir isolado e da inferioridade. Aplicar o conceito de cidadania, que se baseia na igualdade dos direitos e dos deveres, sob cuja sombra todos gozam da justiça.

132.Projetos: Gerar uma legislação (governance) global para as migrações. Estabelecer projetos de médio e longo prazo para ajudar realmente à integração dos migrantes nos países de acolhimento e, ao mesmo tempo, favorecer o desenvolvimento dos países de origem com políticas solidárias, mas sem condicionar as ajudas a estratégias e práticas ideologicamente alheias ou contrárias às culturas dos povos a que se destinam.

133.Enriquecimento: Reconhecer que a chegada de pessoas diferentes, que provêm dum contexto vital e cultural distinto, transforma-se num dom, porque as histórias dos migrantes são histórias também de encontro entre pessoas e entre culturas: para as comunidades e as sociedades de chegada são uma oportunidade de enriquecimento e desenvolvimento humano integral para todos.

134.Crescimento: Estimular a que permitam surgir de si mesmas algo de novo no encontro com outras realidades. Comunicar, descobrir as riquezas de cada um, valorizar aquilo que nos une e olhar as diferenças como possibilidades de crescimento no respeito por todos.

135.Dom: Ajudar os imigrantes a integrar-se. Os imigrantes são uma bênção, uma riqueza e um novo dom, que convida a sociedade a crescer.

136.Encontro: Consolidar os direitos humanos gerais e comuns, para ajudar a garantir uma vida digna para todos os seres humanos no

Oriente e no Ocidente. O Ocidente poderia encontrar na civilização do Oriente remédios para algumas das suas doenças espirituais e religiosas causadas pelo domínio do materialismo. E o Oriente poderia encontrar na civilização do Ocidente tantos elementos que o podem ajudar a salvar-se da fragilidade, da divisão, do conflito e do declínio científico, técnico e cultural.

137.Intercâmbio: Fazer crescer a consciência de que, hoje, ou nos salvamos todos ou não se salva ninguém. A pobreza, a degradação, os sofrimentos dum lugar da terra são um silencioso terreno fértil de problemas que, finalmente, afetarão todo o planeta. A ajuda mútua entre países acaba por beneficiar a todos. Um país que progride com base no seu substrato cultural original é um tesouro para toda a humanidade.

138.Integral: Constituir um ordenamento jurídico, político e econômico mundial que incremente e guie a colaboração internacional para o desenvolvimento solidário de todos os povos. Ajudar o desenvolvimento dos países pobres trará criação de riqueza para todos. Conceder também às nações mais pobres uma voz eficaz nas decisões comuns. Incentivar o acesso ao mercado internacional dos países marcados pela pobreza e pelo subdesenvolvimento.

139.Utilitarismo não: Praticar a gratuitidade, que é a capacidade de fazer algumas coisas, pelo simples fato de serem boas, sem olhar a êxitos nem esperar receber imediatamente algo em troca. Isto permite acolher o estrangeiro, mesmo que não traga de imediato benefícios palpáveis. Não pretender receber apenas cientistas ou investidores.

140.Gratuitade: Dar sem esperar recompensa, fazer o bem sem pretender outro tanto da pessoa que ajudamos.

141.Acolhimento: Pensar não só como país, mas também como família humana. Só poderá ter futuro uma cultura sociopolítica que inclua o acolhimento gratuito.

142.Local E Global: Prestar atenção à dimensão global para não cair numa mesquinha quotidianidade. Ao mesmo tempo convém não perder de vista o que é local, que nos faz caminhar com os pés por terra. As duas coisas unidas impedem de cair em algum destes dois extremos: o primeiro, que os cidadãos vivam num universalismo abstrato e globalizante; o outro extremo é que se transformem num museu folclórico de "eremitas" localistas, condenados a repetir sempre as mesmas coisas, incapazes de se deixar interpelar pelo que é diverso e de apreciar a beleza que Deus espalha fora das suas fronteiras. É preciso olhar para o global, que nos resgata da mesquinhez caseira. Quando a casa deixa de ser lar para se tornar confinamento, calabouço, resgata-nos o global, porque é como a causa final que nos atrai para a plenitude. Ao mesmo tempo temos de assumir intimamente o local, pois tem algo que o global não possui: ser fermento, enriquecer, colocar em marcha mecanismos de subsidiariedade. Portanto, a fraternidade universal e a amizade social dentro de cada sociedade são dois polos inseparáveis e ambos essenciais. Separá-los leva a uma deformação e a uma polarização nociva.

143.Propriedade: Basear-se no sentido positivo do direito de propriedade: guardo e cultivo algo que possuo, a fim de que possa ser uma contribuição para o bem de todos.A solução não é uma abertura que renuncie ao próprio tesouro. Tal como não há diálogo com o outro sem identidade pessoal, assim também não há abertura entre povos senão a partir do amor à terra, ao povo, aos próprios traços culturais. Não me encontro com o outro, se não possuo um substrato onde estou firme e enraizado, pois é a partir dele que posso acolher o dom do outro e oferecer-lhe algo de autêntico. Só posso acolher quem é diferente e perceber a sua contribuição original, se estiver firmemente ancorado ao meu povo com a sua cultura. Cada qual ama e cuida, com particular responsabilidade, da sua terra e preocupa-se com o seu país, assim como deve amar e cuidar da própria casa para que não caia, ciente de que não o virão fazer os vizinhos. O próprio bem do mundo requer que cada um proteja e ame a sua própria terra; caso contrário, as consequências do desastre dum país repercutir-se-ão em todo o planeta.

144.Poliedro: Buscar intercâmbios sadios e enriquecedores. A base adquirida a partir da experiência da vida transcorrida num certo lugar e numa determinada cultura é o que torna uma pessoa capaz de apreender aspectos da realidade que não conseguem entender tão facilmente quantos não possuem essa experiência. O universal não deve ser o domínio homogêneo, uniforme e padronizado duma única forma cultural imperante, que perderá as cores do poliedro e ficará enfadonha.

145.Universal: Alargar sempre o olhar para reconhecer um bem maior que trará benefícios a todos nós. Mas há que o fazer sem se evadir nem se desenraizar. É necessário mergulhar as raízes na terra fértil e na história do próprio lugar, que é um dom de Deus. Trabalha-se no pequeno, no que está próximo, mas com uma perspectiva mais ampla. Não é a esfera global que aniquila, nem a parte isolada que esteriliza. É o poliedro, onde ao mesmo tempo que cada um é respeitado no seu valor, o todo é mais que a parte, sendo também mais do que a simples soma delas.

146.Solidariedade: Ser saudavelmente local mas com uma sincera e cordial abertura ao universal. Deixar-se interpelar pelo que acontece noutras partes. Deixar-se enriquecer por outras culturas. Solidarizar-se com os dramas dos outros povos. Admirar as múltiplas possibilidades e belezas que oferece o mundo inteiro. Toda a cultura saudável é, por natureza, aberta e acolhedora.

147.Pontos de vista: Interpretar a realidade circundante em que se está imerso. Ter relacionamento e confronto com quem é diferente, para ter um conhecimento claro e completo de si mesmo e da sua terra. Ao olhar para si mesmo do ponto de vista do outro, de quem é diferente, cada um pode reconhecer melhor as peculiaridades da sua própria pessoa e cultura: as suas riquezas, possibilidades e limites.

148.Diálogo: Cuidar das suas próprias raízes e culturas ancestrais, mas esclarecendo que não é a intenção propor um indigenismo completamente fechado, a-histórico, estático, que se negue a toda e qualquer forma de mestiçagem, pois a própria identidade cultural aprofunda-se e enriquece-se no diálogo com os que são diferentes, e o modo autêntico de a conservar não é um isolamento que empobrece.

149.Família: Estimular uma sadia relação entre o amor à pátria e uma cordial inserção na humanidade inteira. Lembrar que a sociedade mundial não é o resultado da soma dos vários países, mas sim a própria comunhão que existe entre eles, a mútua inclusão que precede o aparecimento de todo o grupo particular. É neste entrelaçamento da comunhão universal que se integra cada grupo humano, e aí encontra a sua beleza. Assim, cada pessoa nascida num determinado contexto sabe que pertence a uma família maior, sem a qual não é possível ter uma compreensão plena de si mesma.

150.Fronteira não: Aceitar com alegria que nenhum povo, nenhuma cultura, nenhum indivíduo pode obter tudo de si mesmo. Os outros são, constitutivamente, necessários para a construção duma vida plena. A consciência do limite ou da exiguidade, longe de ser uma ameaça, torna-se a chave segundo a qual sonhar e elaborar um projeto comum. O ser humano é o ser fronteiriço que não tem qualquer fronteira.

151.Intercâmbio: Fazer com que as particularidades não se diluam na universalidade. A integração cultural, econômica e política com os povos vizinhos deve ser acompanhada por um processo educativo que promova o valor do amor ao vizinho, primeiro exercício indispensável para se conseguir uma sadia integração universal.

152.Vizinhança: Conservar os valores comunitários, as relações de proximidade que são marcadas pela gratuitidade, solidariedade e reciprocidade, partindo do sentido de um «nós» da vizinhança.

153.Acordos: Alcançar acordos regionais com os países vizinhos, que lhes permitam negociar em bloco evitando tornar-se segmentos marginais e dependentes das grandes potências. Hoje nenhum Estado nacional isolado é capaz de garantir o bem comum da própria população.

Capítulo V A POLÍTICA MELHOR

154.Política: Buscar o desenvolvimento duma comunidade mundial capaz de realizar a fraternidade a partir de povos e nações que vivam a amizade social. Buscar a melhor política, a política colocada ao serviço do verdadeiro bem comum.

155.Ismos não: Pensar num mundo aberto onde haja lugar para todos, que inclua os mais frágeis e respeite as diferentes culturas. Sem os populismos nem os liberalismos dos que buscam satisfazer seus próprios interesses ao invés dos interesses da comunidade.

156.Rótulos não: Não classificar os indivíduos, os grupos, as sociedades e os governos a partir da divisão binária «populista» ou «não populista», nem para os desacreditar injustamente, nem para os exaltar desmedidamente.

157.Coletivo: Pensar em objetivos comuns, independentemente das diferenças, para implementar juntos um projeto compartilhado, um sonho coletivo.

158.Povo: Compreender que pertencer a um povo é fazer parte duma identidade comum, formada por vínculos sociais e culturais. É um processo lento e difícil… rumo a um projeto comum.

159.Liderança: Interpretar o sentir dum povo, a sua dinâmica cultural e as grandes tendências duma sociedade. Congregar e guiar, para formar a base para um projeto duradouro de transformação e crescimento, que implica também a capacidade de ceder o lugar a outros na busca do bem comum.

160.Aberto: Assegurar um povo vivo, dinâmico e com futuro, que permanece constantemente aberto a novas sínteses assumindo em si o que é diverso. Sem negar a si mesmo, e com a disposição de se deixar mover, interpelar, crescer, enriquecer por outros; e, assim, poder evoluir.

161.Responsabilidade: Desenvolver a economia, fazendo frutificar as potencialidades de cada região e assegurando assim uma equidade sustentável. Os planos de assistência, que acorrem a determinadas emergências, devem ser considerados apenas como respostas provisórias. Nunca praticar um populismo irresponsável.

162.Trabalho: Ser verdadeiramente popular – porque promove o bem do povo – é garantir a todos a possibilidade de fazer germinar as sementes que Deus colocou em cada um, as suas capacidades, a sua iniciativa, as suas forças. Esta é a melhor ajuda para um pobre, o melhor caminho para uma existência digna. Ajudar os pobres com o dinheiro deve sempre ser um remédio provisório para enfrentar emergências. O trabalho é uma dimensão essencial da vida social, porque não é só um modo de ganhar o pão, mas também um meio para o crescimento pessoal, para estabelecer relações sadias, expressar-se a si próprio, partilhar dons, sentir-se corresponsável no desenvolvimento do mundo e, finalmente, viver como povo.

163. Sociedade: Reconhecer os vínculos comunitários e culturais da sociedade. A sociedade não é uma mera soma de interesses individuais que coexistem. Respeitar as liberdades individuais, mas que não prejudiquem a sociedade. Defender os direitos dos mais frágeis da sociedade. Buscar a organização social, a ciência e as instituições da sociedade civil.

164. Caridade: Reconhecer que a caridade reúne as duas dimensões – a mítica e a institucional –, pois implica um caminho eficaz de transformação da história que exige incorporar tudo: instituições, direito, técnica, experiência, contribuições profissionais, análise científica, procedimentos administrativos. Não há vida privada, se não for protegida por uma ordem pública; um lar acolhedor doméstico não tem intimidade, se não estiver sob a tutela da legalidade, dum estado de tranquilidade fundado na lei e na força e com a condição dum mínimo de bem-estar garantido pela divisão do trabalho, pelas trocas comerciais, pela justiça social e pela cidadania política.

165. Organização: Fazer crescer não só uma espiritualidade da fraternidade, mas também e ao mesmo tempo uma organização mundial mais eficiente para ajudar a resolver os problemas prementes dos abandonados que sofrem e morrem nos países pobres. Naturalmente isto implica que não exista apenas uma possível via de saída, uma única metodologia aceitável, uma receita econômica aplicável igualmente por todos, e pressupõe que mesmo a ciência mais rigorosa possa propor percursos diferentes.

166. Mudança: Reconhecer a necessidade duma mudança nos corações humanos, nos hábitos e estilos de vida. Lutar contra a inclinação do ser humano a fechar-se na imanência do próprio eu, do

seu grupo, dos seus interesses mesquinhos. É possível dominar esta inclinação com a ajuda de Deus.

167.Reação: Promover a tarefa educativa, o desenvolvimento de hábitos solidários, a capacidade de pensar a vida humana de forma mais integral, a profundidade espiritual, para dar qualidade às relações humanas, de tal modo que seja a própria sociedade a reagir face às próprias injustiças, às aberrações, aos abusos dos poderes económicos, tecnológicos, políticos e mediáticos.

168.Mercado: Reconhecer que o mercado, por si só, não resolve tudo. Reconhecer que a suposta redistribuição não resolve a desigualdade, sendo, esta, fonte de novas formas de violência que ameaçam o tecido social. É indispensável uma política económica ativa, visando promover uma economia que favoreça a diversificação produtiva e a criatividade empresarial, para ser possível aumentar os postos de trabalho em vez de os reduzir. Por outro lado, sem formas internas de solidariedade e de confiança mútua, o mercado não pode cumprir plenamente a própria função económica. A fragilidade dos sistemas mundiais perante a pandemia evidenciou que nem tudo se resolve com a liberdade de mercado e que, além de reabilitar uma política saudável que não esteja sujeita aos ditames das finanças, devemos voltar a pôr a dignidade humana no centro e sobre este pilar devem ser construídas as estruturas sociais alternativas de que precisamos.

169.Participação: Pensar a participação social, política e económica segundo modalidades tais que incluam os movimentos populares e animem as estruturas de governo locais, nacionais e internacionais com aquela torrente de energia moral que nasce da integração dos excluídos na construção do destino comum e, por sua vez, se incentive a que estes movimentos, estas experiências de solidariedade que crescem de baixo, do subsolo do planeta, confluam, sejam mais coordenados, se encontrem. Construir um desenvolvimento humano integral, que implica superar a ideia das políticas sociais concebidas como uma política para os pobres, mas nunca com os pobres, nunca dos pobres, e muito menos inserida num projeto que reúna os povos.

170.Integração: Buscar o desenvolvimento duma nova economia mais atenta aos princípios éticos e para uma nova regulamentação da atividade financeira especulativa e da riqueza virtual. Menos individualismo, maior integração, menos impunidade aos poderosos que sempre encontram maneira de escapar ilesos.

171.Justiça: Dar a cada um o que lhe é devido, segundo a definição clássica de justiça, significa que nenhum indivíduo ou grupo humano se pode considerar omnipotente, autorizado a pisar a dignidade e os direitos dos outros indivíduos ou dos grupos sociais. A efetiva distribuição do poder, sobretudo político, econômico, militar e tecnológico, entre uma pluralidade de sujeitos e a criação dum sistema jurídico de regulação das reivindicações e dos interesses realiza a limitação do poder.

172.Internacional: Tornar as instituições internacionais mais fortes e eficazmente organizadas, com acordos entre governos nacionais e dotadas de poder de sancionar, para assegurar o bem comum mundial, a erradicação da fome e da miséria e a justa defesa dos direitos humanos fundamentais.

173.Reforma: Reformar a Organização das Nações Unidas e a arquitetura económica e financeira internacional, para que seja possível uma real concretização do conceito de família de nações. Estabelecer limites jurídicos precisos para evitar que seja uma autoridade cooptada por poucos países e, ao mesmo tempo, para impedir imposições culturais ou a redução das liberdades básicas das nações mais frágeis por causa de diferenças ideológicas. A comunidade internacional é uma comunidade jurídica fundada sobre a soberania de cada Estado-membro, sem vínculos de subordinação que neguem ou limitem a cada qual a sua independência. A tarefa das Nações Unidas, com base nos postulados do Preâmbulo e dos primeiros artigos da sua Carta constitucional, pode ser vista como o desenvolvimento e a promoção da soberania do direito, sabendo que a justiça é um requisito indispensável para se realizar o ideal da fraternidade universal. (...) É preciso garantir o domínio incontrastado do direito e o recurso incansável às negociações, aos mediadores e à arbitragem, como é proposto pela Carta das Nações Unidas, verdadeira norma jurídica fundamental. Os problemas ou deficiências da ONU podem ser enfrentados e resolvidos em conjunto.

174.Instrumentos: Estabelecer livremente certos objetivos comuns e assegurar o cumprimento em todo o mundo dalgumas normas essenciais. Apoiar a exigência de fazer fé nos compromissos subscritos, a fim de evitar a tentação de fazer apelo mais ao direito da força que à força do direito. Os instrumentos normativos para a solução pacífica das controvérsias devem ser repensados de tal modo que lhes sejam reforçados o alcance e a obrigatoriedade. Dentre esses instrumentos normativos, há que favorecer os acordos multilaterais entre os Estados, porque garantem mais do que os acordos bilaterais o cuidado dum bem comum realmente universal e a tutela dos Estados mais vulneráveis.

175.Local: Fortalecer os muitos grupos e organizações da sociedade civil local que ajudam a compensar as debilidades da Comunidade Internacional, a sua falta de coordenação em situações complexas, a sua carência de atenção relativamente a direitos humanos fundamentais e a situações muito críticas de alguns grupos. Garantir a participação e a ação das comunidades e organizações de nível menor, que integram de modo complementar a ação do Estado.

176.Política: Melhorar sua noção de política para evitar erros, corrupção e ineficiência. Não substituir política por economia. Não deixar a política ser dominada por alguma ideologia. Encontrar um caminho eficaz para a fraternidade universal e a paz social com uma boa política.

177.Reformulação: Rejeitar o mau uso do poder, a corrupção, a falta de respeito das leis e a ineficiência. Precisamos duma política que pense com visão ampla e leve por diante uma reformulação integral, abrangendo num diálogo interdisciplinar os vários aspetos da crise. Precisamos de uma política salutar, capaz de reformar as instituições, coordená-las e dotá-las de bons procedimentos, que permitam superar pressões e inércias viciosas. Não se pode pedir isto à economia, nem aceitar que ela assuma o poder real do Estado.

178.Grandeza: Rejeitar formas de política mesquinhas e fixadas no interesse imediato. A grandeza política mostra-se quando, em momentos difíceis, se trabalha com base em grandes princípios e pensando no bem comum a longo prazo.

179.Caminho: Contribuir para solucionar as graves carências estruturais que não se resolvem com remendos ou soluções rápidas meramente ocasionais. Há coisas que devem ser mudadas com reajustamentos profundos e transformações importantes. Conduzir o processo, envolvendo os mais diversos setores e os conhecimentos mais variados. Buscar uma economia integrada num projeto político, social, cultural e popular que vise o bem comum. Abrir caminho a oportunidades diferentes, que não implica frenar a criatividade humana nem o seu sonho de progresso, mas orientar esta energia por novos canais.

180.União: Procurar uma amizade social que integre a todos. Unir-se a outras pessoas para gerar processos sociais de fraternidade e justiça para todos. Avançar para uma ordem social e política, cuja alma seja a caridade social. Revalorizar a política, que é uma das formas mais preciosas de caridade, porque busca o bem comum.

181.Amor: Reconhecer que o amor, cheio de pequenos gestos de cuidado mútuo, é também civil e político, manifestando-se em todas as ações que procuram construir um mundo melhor. Por este motivo, o amor expressa-se não só nas relações íntimas e próximas, mas também nas macrorrelações como relacionamentos sociais, económicos e políticos.

182.Caridade: Amar o bem comum e a buscar efetivamente o bem de todas as pessoas, consideradas não só individualmente, mas também na dimensão social que as une. Cada um é plenamente pessoa quando pertence a um povo e, vice-versa, não há um verdadeiro povo sem referência ao rosto de cada pessoa. Povo e pessoa são termos correlativos. A boa política procura caminhos de construção de comunidade nos diferentes níveis da vida social, a fim de reequilibrar e reordenar a globalização para evitar os seus efeitos desagregadores.

183.Eficácia: Avançar para uma civilização do amor a que todos nos podemos sentir chamados. Com o seu dinamismo universal, a caridade pode construir um mundo novo,porque não é um sentimento estéril, mas o modo melhor de alcançar vias eficazes de desenvolvimento para todos. Suscitar novas vias para enfrentar os problemas do mundo de hoje e renovar profundamente, desde o interior, as estruturas, organizações sociais, ordenamentos jurídicos.

184.Verdade: Praticar uma caridade unida ao compromisso com a verdade, para que não acabe prisioneira das emoções e opiniões contingentes dos indivíduos. É precisamente a relação da caridade com a verdade que favorece o seu universalismo, evitando assim que ela acabe confinada num âmbito restrito e carente de relações. Privada da verdade, a emotividade fica sem conteúdos relacionais e sociais. A abertura à verdade protege a caridade duma fé falsa, que a priva de amplitude humana e universal.

185.Luz: Buscar a luz da verdade. Esta luz é simultaneamente a luz da razão e a da fé, sem relativismos. Isto supõe também o desenvolvimento das ciências e a sua contribuição insubstituível para encontrar os percursos concretos e mais seguros para alcançar os resultados esperados.

186.Indispensável: Empenhar-se com o objetivo de organizar e estruturar a sociedade de modo que o próximo não se venha a encontrar na miséria. É caridade acompanhar uma pessoa que sofre, mas é caridade também tudo o que se realiza – mesmo sem ter contato direto com essa pessoa – para modificar as condições sociais que provocam o seu sofrimento.

187.Preferencial: Ter um amor preferencial pelos últimos, que subjaz a todas as ações realizadas em seu favor. Só com um olhar cujo horizonte esteja transformado pela caridade, levando-nos a perceber a dignidade do outro, é que os pobres são reconhecidos e apreciados na sua dignidade imensa, respeitados no seu estilo próprio e cultura e, por conseguinte, verdadeiramente integrados na sociedade.

188.Direitos: Encontrar uma solução para tudo o que atenta contra os direitos humanos fundamentais. Os políticos são chamados a cuidar da fragilidade dos povos e das pessoas. Cuidar da fragilidade quer dizer força e ternura, luta e fecundidade. Assumir o presente na sua situação mais marginal e angustiante e ser capaz de ungi-lo de dignidade. Que tudo se faça para tutelar a condição e a dignidade da pessoa humana! Encontrar uma solução eficaz para o fenômeno da exclusão social e econômica, com suas tristes consequências de tráfico de seres humanos, tráfico de órgãos e tecidos humanos, exploração sexual de meninos e meninas, trabalho escravo, incluindo a prostituição, tráfico de drogas e de armas, terrorismo e criminalidade internacional organizada.

189.Objetivos: Colocar entre os objetivos principais e irrenunciáveis da política mundial o de eliminar efetivamente a fome. Não fazer especulação financeira com o preço dos alimentos, pois se fizer isso milhões de pessoas sofrem e morrem de fome. Encontrar formas de aproveitar as toneladas de alimentos que são desperdiçadas.

190.Convergência: Escutar o ponto de vista do outro, facilitando um espaço a todos. Com renúncias e paciência, um governante pode ajudar a criar aquele poliedro bom onde todos encontram um lugar. É um intercâmbio de dons a favor do bem comum. O governante é chamado a renúncias que tornem possível o encontro, procurando a convergência pelo menos em alguns temas.

191.Intolerância não: Comprometer-se a viver e ensinar o valor do respeito, o amor capaz de aceitar as várias diferenças, a prioridade da dignidade de todo o ser humano sobre quaisquer ideias, sentimentos, atividades e até pecados que possa ter. As diferenças geram conflitos, mas a uniformidade gera asfixia e neutraliza-nos culturalmente. Não nos resignemos a viver fechados num fragmento da realidade.

192.Intervenção: Comprometer-se seriamente na difusão da tolerância, da convivência e da paz; para intervir, o mais breve possível, a fim de se impedir o derramamento de sangue inocente.

193.Humanidade: Permanecer um ser humano, chamado a viver o amor nas suas relações interpessoais diárias. Tratar a todos pelo seu próprio nome, tratar como pessoa este ser, único no mundo, que tem o seu próprio coração, os seus sofrimentos, problemas e alegrias e a sua própria família.

194.Ternura: Amar com ternura. É um movimento que brota do coração e chega aos olhos, aos ouvidos e às mãos.Os mais pequeninos, frágeis e pobres devem enternecer-nos: eles têm o "direito" de arrebatar a nossa alma, o nosso coração. Sim, eles são nossos irmãos e, como tais, devemos amá-los e tratá-los.

195.Resultados: Reconhecer que nem sempre se trata de obter grandes resultados, que às vezes não são possíveis. Recordar-se de que independentemente da aparência, cada um é imensamente sagrado e merece o nosso afeto e a nossa dedicação. Por isso, se consigo ajudar uma só pessoa a viver melhor, isso já justifica o dom da minha vida. Ganhamos plenitude, quando derrubamos os muros e o coração se enche de rostos e de nomes!

196.Processos: Desencadear processos cujos frutos serão colhidos por outros, com a esperança colocada na força secreta do bem que se semeia. Confiar nas reservas de bem que, apesar de tudo, existem no coração do povo. Ter a convicção de que cada mulher, cada homem e cada geração encerram em si uma promessa que pode irradiar novas energias relacionais, intelectuais, culturais e espirituais.

197.Avaliação: Refletir sobre o próprio passado: Quanto amor coloquei no meu trabalho? Em que fiz progredir o povo? Que marcas deixei na vida da sociedade? Que laços reais construí? Que forças positivas desencadeei? Quanta paz social semeei? Que produzi no lugar que me foi confiado?

Capítulo VI DIÁLOGO E AMIZADE SOCIAL

198.Dialogar: Dialogar é aproximar-se, expressar-se, ouvir-se, olhar-se, conhecer-se, esforçar-se por entender-se, procurar pontos de contacto. Para nos encontrar e ajudar mutuamente, precisamos de dialogar.

199.Diálogo: Promover o diálogo entre as gerações, o diálogo no povo, porque todos somos povo, a capacidade de dar e receber, permanecendo abertos à verdade. Um país cresce quando dialogam de modo construtivo as suas diversas riquezas culturais: a cultura popular, a cultura universitária, a cultura juvenil, a cultura artística e a cultura tecnológica, a cultura económica e a cultura da família, e a cultura dos meios de comunicação.

200.Monólogo não: Não confundir o diálogo com a troca febril de opiniões nas redes sociais. Não passam de monólogos que avançam em paralelo. Os monólogos não empenham a ninguém.

201.Respeito: Enfrentar o adversário político em um diálogo aberto e respeitoso, onde se procure alcançar uma síntese que vá mais além. Não utilizar nenhum poder manipulador do tipo econômico, político, mediático, religioso ou de qualquer outro gênero.

202.Conjunto: Preocupar-se com o bem comum, sem obter as vantagens que o poder lhe proporciona e sem impor o seu próprio modo de pensar. Realizar uma busca conjunta que gere bem comum. Sustentar respeitosamente uma palavra densa de verdade.

203.Aceitação: Respeitar o ponto de vista do outro, aceitando como possível que contenha convicções ou interesses legítimos. A partir da própria identidade, o outro tem algo para dar, e é desejável que aprofunde e exponha a sua posição para que o debate público seja ainda mais completo. Procurar pontos de contato e sobretudo trabalhar e lutar juntos. As diferenças são criativas, criam tensão e, na resolução duma tensão, está o progresso da humanidade.

204.Comunicação: Reconhecer a necessidade da comunicação interdisciplinar, uma vez que a realidade é uma só, embora possa ser abordada sob distintas perspectivas e com diferentes metodologias.

205.Digital: Verificar, continuamente, que as formas atuais de comunicação nos orientem efetivamente para o encontro generoso, a busca sincera da verdade íntegra, o serviço, a aproximação dos últimos e o compromisso de construir o bem comum.

206.Conveniência não: Não facilitar que os valores morais sejam interpretados pelos poderosos segundo as conveniências da hora. Não podemos pensar que os programas políticos ou a força da lei sejam suficientes. É necessário reconhecer as verdades objetivas e os princípios universalmente válidos.

207.Convicção: Maturar um vivo respeito pela verdade da dignidade humana, à qual nos submetemos. Abster-se de matar alguém, não apenas para evitar o desprezo social e o peso da lei, mas por convicção. É uma verdade irrenunciável que reconhecemos com a razão e aceitamos com a consciência. Cultivar a busca da verdade e o apego às verdades fundamentais.

208.Verdade: Exercitar em desmascarar as várias modalidades de manipulação, deformação e ocultamento da verdade nas esferas pública e privada. Verdade é, antes de mais nada, a busca dos fundamentos mais sólidos que estão na base das nossas opções e também das nossas leis. Isto implica aceitar que a inteligência humana pode ir além das conveniências do momento atual e captar algumas verdades que não mudam, que eram verdade antes de nós e sempre o serão. Indagando sobre a natureza humana, a razão descobre valores que são universais, porque derivam dela.

209."Consenso" não: Rejeitar os "consensos" obtidos pelos poderosos.Evitar que os direitos humanos fundamentais, hoje considerados invioláveis, sejam negados pelos poderosos de turno, depois de terem manipulado e obtido o "consenso" duma população adormecida e amedrontada.

210.Moral: Rejeitar a lógica da força. Rejeitar o deslocamento da razão moral que traz como consequência que o direito não se pode referir a uma concepção fundamental de justiça, mas torna-se um espelho das ideias dominantes.

211.Argumentos: Escolher o diálogo como o caminho mais adequado para se chegar a reconhecer aquilo que sempre deve ser afirmado e respeitado e que ultrapassa o consenso ocasional. Falamos de um diálogo que precisa de ser enriquecido e iluminado por razões, por argumentos racionais, por uma variedade de perspectivas, por contribuições de diversos conhecimentos e pontos de vista, e que não exclui a convicção de que é possível chegar a algumas verdades fundamentais que devem e deverão ser sempre defendidas. Aceitar que há alguns valores permanentes, embora nem sempre seja fácil reconhecê-los, confere solidez e estabilidade a uma ética social. Mesmo quando os reconhecemos e assumimos através do diálogo e do consenso, vemos que estes valores basilares estão para além de qualquer consenso, reconhecemo-los como valores transcendentes aos nossos contextos e nunca negociáveis.

212.Coragem: Ter a coragem de levar a fundo uma questão, através do diálogo, demonstrando que não é necessário contrapor a conveniência social, o consenso e a realidade duma verdade objetiva. As três coisas podem unir-se harmoniosamente.

213.Dignidade: Respeitar a dignidade das outras pessoas, pois existe realmente nelas um valor superior às coisas materiais e independente das circunstâncias e exige um tratamento distinto. Que todo o ser humano possui uma dignidade inalienável é uma verdade que corresponde à natureza humana, independentemente de qualquer transformação cultural. Por isso o ser humano possui a mesma dignidade inviolável em todo e qualquer período da história, e ninguém pode sentir-se autorizado, pelas circunstâncias, a negar esta convicção nem a agir em sentido contrário. Assim, a inteligência pode perscrutar a realidade das coisas, através da reflexão, da experiência e do diálogo, para reconhecer nessa realidade que a transcende a base de certas exigências morais universais.

214.Princípios: Reconhecer que os princípios morais fundamentais e universalmente válidos podem dar lugar a várias normativas práticas. Por isso, fica sempre um espaço para o diálogo. Aos agnósticos, este fundamento poder-lhes-á aparecer como suficiente para conferir aos princípios éticos basilares e não negociáveis uma validade universal de tal forma firme e estável que consiga impedir novas catástrofes. Para os crentes, a natureza humana, fonte de princípios éticos, foi criada por Deus, que em última análise confere um fundamento sólido a estes princípios.

215.Encontro: Fazer crescer uma cultura do encontro que supere as dialéticas que colocam um contra o outro. É um estilo de vida que tende a formar aquele poliedro que tem muitas faces, muitos lados, mas todos compõem uma unidade rica de matizes, porque o todo é superior à parte. O poliedro representa uma sociedade onde as diferenças convivem integrando-se, enriquecendo-se e iluminando-se reciprocamente, embora isso envolva discussões e desconfianças. Na realidade, de todos se pode aprender alguma coisa, ninguém é inútil, ninguém é supérfluo. Isto implica incluir as periferias. Quem vive nelas tem outro ponto de vista, vê aspectos da realidade que não se descobrem a partir dos centros de poder onde se tomam as decisões mais determinantes.

216.Cultura: Praticar a cultura do encontro, isto é, querer encontrar-nos, procurar pontos de contacto, lançar pontes, projetar algo que envolva a todos. O sujeito desta cultura é o povo, não um setor da sociedade.

217.Sólida: Integrar as realidades diferentes é difícil e lento, mas é a garantia duma paz real e sólida. O que conta é gerar processos de encontro, processos que possam construir um povo capaz de recolher as diferenças. Armemos os nossos filhos com as armas do diálogo! Ensinemos-lhes a boa batalha do encontro!

218.Reconhecimento: Reconhecer, ao outro, o direito de ser ele próprio e de ser diferente. A partir deste reconhecimento feito cultura, torna-se possível a criação dum pacto social.

219.Pacto Social: Exercer um efetivo encontro social que coloque em verdadeiro diálogo as grandes formas culturais que representam a maioria da população. Um pacto social realista e inclusivo deve ser também um pacto cultural, que respeite e assuma as diversas visões do mundo, as culturas e os estilos de vida que coexistem na sociedade.

220.Pacto Cultural: Buscar uma mudança autêntica, profunda e estável, que só é possível, se se realizar a partir das várias culturas, principalmente dos pobres. Um pacto cultural pressupõe que se renuncie a compreender de maneira monolítica a identidade dum lugar, e exige que se respeite a diversidade, oferecendo-lhe caminhos de promoção e integração social.

221.Empatia: Aceitar a possibilidade de ceder algo para o bem comum. Ninguém será capaz de possuir toda a verdade nem satisfazer a totalidade dos seus desejos, porque uma tal pretensão levaria a querer destruir o outro, negando-lhe os seus direitos. Adotar um realismo dialogante por parte de quem pensa que deve ser fiel aos seus princípios, mas reconhecendo que o outro também tem o direito de procurar ser fiel aos dele. Colocar-se no lugar do outro para descobrir o que há de autêntico ou pelo menos de compreensível no meio das suas motivações e interesses.

222.Amabilidade: Optar pelo cultivo da amabilidade. Controlar a agressividade. Evitar o individualismo consumista.

223.Benignidade: Adotar um estado de ânimo não áspero, rude, duro, mas benigno, suave, que sustenta e conforta. É um modo de tratar os outros, que se manifesta de diferentes formas: amabilidade no trato, cuidado para não magoar com as palavras ou os gestos, tentativa de aliviar o peso dos outros. Supõe dizer palavras de incentivo, que reconfortam, consolam, fortalecem, estimulam, em vez de palavras que humilham, angustiam, irritam, desprezam.

224.Atenção: Encontrar tempo e energias disponíveis para se demorar a tratar bem os outros, para dizer 'com licença', 'desculpe', 'obrigado'. A pessoa amável, deixa de lado as suas preocupações e urgências para prestar atenção, oferecer um sorriso, dizer uma palavra de estímulo, possibilitar um espaço de escuta no meio de tanta indiferença. Criar aquela convivência sadia que vence as incompreensões e evita os conflitos. Cultivar estima e respeito, transforma profundamente o estilo de vida, as relações sociais, o modo de debater e confrontar as ideias. Facilita a busca de consensos e abre caminhos onde a exasperação destrói todas as pontes.

Capítulo VII PERCURSOS DUM NOVO ENCONTRO

225.Pacificadores: Ser um artesão da paz pronto a gerar, com inventiva e ousadia, processos de cura e de um novo encontro. Cicatrizar as feridas.

226.Compreensão: Falar a partir da verdade, nua e crua. Aprender a cultivar uma memória penitencial, capaz de assumir o passado para libertar o futuro das próprias insatisfações, confusões ou projeções. Empreender um esforço perseverante e duradouro para se compreenderem mutuamente e tentar uma nova síntese para o bem de todos. É um trabalho paciente de busca da verdade e da justiça, que honra a memória das vítimas e abre, passo a passo, para uma esperança comum, mais forte que a vingança.

227.Verdade: Quebrar a corrente da violência. A violência gera mais violência, o ódio gera mais ódio, e a morte mais morte. A verdade é uma companheira inseparável da justiça e da misericórdia. A verdade não deve levar à vingança, mas antes à reconciliação e ao perdão. Contar às famílias dilaceradas pela dor o que aconteceu aos seus parentes desaparecidos. Confessar o que aconteceu aos menores recrutados pelos agentes de violência. Reconhecer o sofrimento das mulheres vítimas de violência e de abusos.

228.Paz: Procurar identificar bem os problemas que atravessa uma sociedade, para aceitar que existem diferentes maneiras de encarar as dificuldades e resolvê-las. O caminho para uma melhor convivência implica sempre reconhecer a possibilidade de que o outro contribua com uma perspetiva legítima, pelo menos em parte, algo que possa ser recuperado, mesmo que se tenha equivocado ou tenha agido mal.

229.Reconciliação: Formar uma nova sociedade baseada no serviço aos outros, e não no desejo de dominar; uma sociedade baseada na partilha do que se possui com os outros, e não na luta egoísta de cada um pela maior riqueza possível; uma sociedade na qual o valor de estar juntos como seres humanos é, em última análise, mais importante do que qualquer grupo menor, seja ele a família, a nação, a etnia ou a cultura.

230.Família: Superar o que nos divide, sem perder a identidade de cada um. A nossa sociedade ganha, quando cada pessoa, cada grupo social se sente verdadeiramente de casa. Se alguém tem uma dificuldade, mesmo grave, ainda que seja por culpa dele, os outros correm em sua ajuda, apoiam-no; a sua dor é de todos. Todos contribuem para o projeto comum, todos trabalham para o bem comum, mas sem anular o indivíduo; pelo contrário, sustentam-no, promovem-no.

231.Processos: Escrever uma nova página da história, uma página cheia de esperança, cheia de paz, cheia de reconciliação. Os caminhos de pacificação, de primazia da razão sobre a vingança, de delicada harmonia entre a política e o direito, não podem prescindir das pessoas implicadas nos processos. Não basta o desenho de quadros normativos e acordos institucionais entre grupos políticos ou económicos de boa vontade. Incorporar nos nossos processos de paz a experiência de setores que, em muitas ocasiões, foram deixados de lado, para que sejam precisamente as comunidades a revestir os processos de memória coletiva.

232.Construção: Construir a unidade da nação e persistir na labuta por favorecer a cultura do encontro que exige que, no centro de toda a ação política, social e econômica, se coloque a pessoa humana, a sua sublime dignidade e o respeito pelo bem comum. Esquivar de toda a tentação de vingança e busca de interesses apenas particulares e a curto prazo.

233.Reaproximação: Promover a aproximação entre grupos sociais distanciados. Buscar um renovado encontro com os setores mais pobres e vulneráveis. A paz não é apenas ausência de guerra, mas o empenho incansável – especialmente daqueles que ocupamos um cargo de maior responsabilidade – de reconhecer, garantir e reconstruir concretamente a dignidade, tantas vezes esquecida ou ignorada, de irmãos nossos, para que possam sentir-se os principais protagonistas do destino da própria nação.

234.Últimos: Compreender que reações antissociais, dos mais pobres e dos descartados, têm a ver com uma história de desprezo e falta de inclusão social. A opção pelos pobres deve conduzir-nos à amizade com os pobres.

235.Início: Promover a igualdade de oportunidades e o desenvolvimento humano integral. Quando a sociedade abandona na periferia uma parte de si mesma, não há programas políticos, nem forças da ordem ou serviços secretos que possam garantir indefinidamente a tranquilidade. Se se trata de recomeçar, sempre há de ser a partir dos últimos.

236.Enfrentamento: Enfrentar os problemas ao invés de aceitar uma paz aparente. Promover um diálogo em profundidade. Não temer o perdão e a reconciliação.

237.Tolerância: Não alimentar o fatalismo, a inércia ou a injustiça. Promover a tolerância e a não violência.

238.Perdão: Perdoar sempre.

239.Suavidade: Corrigir os adversários com suavidade. Não falar mal de ninguém, nem ser conflituoso. Ser afável, mostrando sempre amabilidade para com todas as pessoas.

240.Inevitável: Suportar o conflito inevitável, para que o respeito humano não leve a faltar à fidelidade a Cristo em nome duma suposta paz familiar ou social. Ao longo da história, os conflitos de interesse entre diversos grupos sociais surgem inevitavelmente e que, perante eles, o cristão deve muitas vezes tomar posição decidida e coerentemente.

241.Esclarecimento: Defender vigorosamente os seus direitos e os da sua família, precisamente porque deve guardar a dignidade que lhes foi dada, uma dignidade que Deus ama. Se um delinquente cometeu um delito contra mim ou contra um ente querido, ninguém me proíbe de exigir justiça e me acautelar para que essa pessoa – ou qualquer outra – não volte a lesar-me nem cause a outros o mesmo dano. Compete-me fazê-lo, e o perdão não só não anula esta necessidade, mas reclama-a. Amar um opressor não significa consentir que continue a ser tal; nem levá-lo a pensar que é aceitável o que faz. Procurar, de várias maneiras, que deixe de oprimir, tirar-lhe o poder que não sabe usar e que o desfigura como ser humano. Perdoar não significa permitir que continuem a espezinhar a própria dignidade e a do outro, ou deixar que um criminoso continue a fazer mal.

242.Vingança não: Buscar justiça mas sem ódio e sem vingança. Ninguém alcança a paz interior nem se reconcilia com a vida através de ódio e vingança.

243.Superação: Superar a amarga herança de injustiças, hostilidades e desconfiança. Superar o mal com o bem. Cultivar aquelas virtudes que promovem a reconciliação, a solidariedade e a paz. A bondade, a quem a faz crescer dentro de si, dá uma consciência tranquila, uma alegria profunda, mesmo no meio de dificuldades e incompreensões. A bondade não é fraqueza mas verdadeira força, capaz de renunciar à vingança. Reconhecer na própria vida que aquele juízo duro que tenho no coração, a ferida não curada, o mal não perdoado, o rancor que só me faz mal, é um fogo no coração que deve ser apagado.

244.Reconciliação: Buscar a verdadeira reconciliação sem escapar do conflito, superando-o através do diálogo e de negociações transparentes, sinceras e pacientes.Quando os conflitos não se resolvem, mas se escondem ou são enterrados no passado, há silêncios que podem significar tornar-se cúmplice de graves erros e pecados.

245.Unidade: Promover o princípio que é indispensável para construir a amizade social: a unidade é superior ao conflito. Buscar a resolução num plano superior que preserva em si as preciosas potencialidades das polaridades em contraste. A compreensão e o compromisso recíprocos transformam-se em solidariedade. Alcançar uma unidade multiforme que gera nova vida.

246.Perdão: Se comover com a capacidade de perdão dalgumas pessoas que souberam ultrapassar o dano sofrido, mas também é humano compreender aqueles que não o podem fazer. Em todo o caso, o que nunca se deve propor é o esquecimento.

247.Recordação: Recordar-se do holocausto dos judeus. É o símbolo dos extremos aonde pode chegar a malvadez do homem, quando, atiçado por falsas ideologias, esquece a dignidade fundamental de cada pessoa, a qual merece respeito absoluto seja qual for o povo a que pertença e a religião que professe.

248.Memória: Recordar-se dos bombardeamentos atômicos de Hiroxima e Nagasáqui. Não podemos permitir que a atual e as novas gerações percam a memória do que aconteceu, aquela memória que é garantia e estímulo para construir um futuro mais justo e fraterno. Também não devemos esquecer as perseguições, o comércio dos escravos e os massacres étnicos que se verificaram e verificam em vários países, e tantos outros fatos históricos que nos fazem envergonhar de sermos humanos. Devem ser recordados sempre, repetidamente, sem nos cansarmos nem anestesiarmos.

249.Consciência: Manter viva a chama da consciência coletiva, testemunhando às sucessivas gerações o horror daquilo que aconteceu, que assim aviva e preserva a memória das vítimas, para que a consciência humana se torne cada vez mais forte contra toda a vontade de domínio e destruição. Recordar aqueles que, no meio dum contexto envenenado e corrupto, foram capazes de recuperar a dignidade e, com pequenos ou grandes gestos, optaram pela solidariedade, o perdão, a fraternidade. É muito salutar fazer memória do bem.

250.Esquecimento não: Perdoar sim, esquecer jamais. Mesmo que haja algo que de forma alguma pode ser negado, relativizado ou dissimulado, ainda assim podemos perdoar. Mesmo que haja algo que jamais deve ser tolerado, justificado ou desculpado, ainda assim podemos perdoar. Mesmo quando houver algo que por nenhum motivo devemos permitir-nos esquecer, ainda assim podemos perdoar. O perdão livre e sincero é uma grandeza que reflete a imensidão do perdão divino. Se o perdão é gratuito, então pode-se perdoar até a quem resiste ao arrependimento e é incapaz de pedir perdão.

251.Prejuízo: Aceitar ficar com o prejuízo é perdoar. Aqueles que perdoam de verdade não esquecem, mas renunciam a deixar-se dominar pela mesma força destruidora que os lesou. Quebram o círculo vicioso, frenam o avanço das forças da destruição. Decidem não continuar a injetar na sociedade a energia da vingança que, mais cedo ou mais tarde, acaba por cair novamente sobre eles próprios. Com efeito, a vingança nunca sacia verdadeiramente a insatisfação das vítimas. Há crimes tão horrendos e cruéis que, fazer sofrer quem os cometeu, não serve para sentir que se reparou o dano; não bastaria sequer matar o criminoso, nem se poderiam encontrar torturas comparáveis àquilo que pode ter sofrido a vítima. A vingança não resolve nada.

252.Justiça: Buscar a justiça sem cair no círculo vicioso da vingança nem na injustiça do esquecimento. Impunidade Não. Procurar a justiça por amor à própria justiça, por respeito das vítimas, para evitar novos crimes e visando preservar o bem comum, não como a suposta descarga do próprio rancor.

253.Preconceito não: Respeitar toda a vítima inocente, de qualquer injustiça cometida contra ela. Aqui não pode haver diferenças étnicas, confessionais, nacionais ou políticas.

254.Encontro: Preparar os nossos corações para o encontro com os irmãos independentemente das diferenças de ideias, língua, cultura, religião; que Deus unja todo o nosso ser com o óleo da sua misericórdia que cura as feridas dos erros, das incompreensões, das controvérsias.

255.Falso: Rejeitar a guerra e a pena de morte. São respostas falsas que podem chegar a apresentar-se como soluções em circunstâncias particularmente dramáticas. Não resolvem os problemas que pretendem superar. Acrescentam novos fatores de destruição no tecido da sociedade nacional e mundial.

256.Ameaça: Reconhecer que a guerra não é um fantasma do passado, mas tornou-se uma ameaça constante. O mundo deve voltar a perseverar no lento caminho da paz.

257.Unidos: Continuar incansavelmente no esforço de evitar a guerra entre as nações e os povos. Garantir o domínio incontrastado do direito e o recurso incansável às negociações, aos mediadores e à arbitragem, como é proposto pela Carta das Nações Unidas, verdadeira norma jurídica fundamental. A plena aplicação das normas internacionais é realmente eficaz. A Carta das Nações Unidas, respeitada e aplicada com transparência e sinceridade, é um ponto de referência obrigatório de justiça e um veículo de paz. Mas isto pressupõe não disfarçar intenções ilícitas nem colocar os interesses particulares de um país ou grupo acima do bem comum mundial. Se a norma é considerada um instrumento que se usa quando resulta favorável e se contorna quando não o é, desencadeiam-se forças incontroláveis que causam grande dano às sociedades, aos mais frágeis, à fraternidade, ao meio ambiente e aos bens culturais, com perdas irrecuperáveis para a comunidade global.

258.Guerra não: Rejeitar guerra. Não podemos pensar na guerra como solução, porque provavelmente os riscos sempre serão superiores à hipotética utilidade que se lhe atribua. Perante esta realidade, hoje é muito difícil sustentar os critérios racionais amadurecidos noutros séculos para falar duma possível «guerra justa». Nunca mais a guerra!

259.Interligados: Reconhecer que, com o desenvolvimento da globalização, aquilo que pode aparecer como uma solução imediata ou prática para uma região da terra, desencadeia uma corrente de fatores violentos, muitas vezes subterrâneos, que acabam por atingir todo o planeta e abrir caminho para novas e piores guerras futuras. Os destinos dos países estão intensamente ligados entre si no cenário mundial.

260.Universal: Reforçar a convicção de que as razões da paz são mais fortes do que todo o cálculo de interesses particulares e toda a confiança posta no uso das armas. Não se deve ceder à busca de interesses particulares, sem se preocupar com o bem comum universal.

261.Ação: Enfrentar o resultado da guerra. Não fiquemos em discussões teóricas, tomemos contato com as feridas, toquemos a carne de quem paga os danos. Voltemos o olhar para tantos civis massacrados como «danos colaterais». Interroguemos as vítimas. Prestemos atenção aos prófugos, àqueles que sofreram as radiações atômicas ou os ataques químicos, às mulheres que perderam os filhos, às crianças mutiladas ou privadas da sua infância. Consideremos a verdade destas vítimas da violência, olhemos a realidade com os seus olhos e escutemos as suas histórias com o coração aberto.

262.Confiança: Ter uma resposta à ameaça de armas nucleares. Uma resposta coletiva e planejada, baseada na confiança recíproca, que só pode ser construída através do diálogo sinceramente dirigido para o bem comum e não para a tutela de interesses velados ou particulares. E, com o dinheiro usado em armas e noutras despesas militares, constituamos um Fundo mundial, para acabar de vez com a fome e para o desenvolvimento dos países mais pobres, a fim de que os seus habitantes não recorram a soluções violentas ou enganadoras, nem precisem abandonar os seus países à procura duma vida mais digna.

263.Pena: Afirmar com clareza que a pena de morte é inadmissível e propor que seja abolida em todo o mundo. A pena de morte é inadequada no plano moral e já não é necessária no plano penal.

264.Judiciário: Reconhecer a necessidade de as autoridades imporem penas àqueles que praticam o mal. A vida em comum, estruturada em volta de comunidades organizadas, precisa de regras de convivência cuja livre violação exige uma resposta adequada. Isto implica que a autoridade pública legítima possa e deva infligir penas proporcionadas à gravidade dos delitos e que se garanta ao poder judiciário a necessária independência no âmbito da lei.

265.Vingança não: Buscar por livrar da pena de morte não só cada um dos inocentes, mas também todos os culpados. Indignar-se contra a iniquidade, mas sem esquecer a humanidade; não dar livre curso à volúpia da vingança contra as atrocidades dos pecadores, mas pretender antes curar as suas feridas.

266.Penas: Evitar que medos e rancores levem a estabelecer penas de maneira vingativa. A penalidade deve ser parte dum processo de cura e reinserção na sociedade. Rejeitar qualquer incitação à violência e à vingança .Rejeitar quem tenta destruir reputações. Rejeitar reclusões sem julgamento. Rejeitar a pena de morte.

267.Exageros: Rejeitar as chamadas execuções extrajudiciais ou extralegais, que são homicídios deliberados cometidos por alguns Estados e pelos seus agentes, com frequência feitos passar como confrontos com delinquentes, ou apresentados como consequências indesejadas do uso razoável, necessário e proporcional da força para manter e aplicar a lei.

268.Prisão: Lutar não só pela abolição da pena de morte, legal ou ilegal, em todas as suas formas, mas também para melhorar as condições carcerárias, no respeito pela dignidade humana das pessoas privadas da liberdade.

269.Dignidade: Reconhecer a dignidade inalienável de todo o ser humano e aceitar que tenha um lugar neste universo. Visto que não o nego ao pior dos criminosos, não o negarei a ninguém, darei a todos a possibilidade de compartilhar comigo este planeta, apesar do que nos possa separar.

270.Violência: Evitar qualquer forma de violência. 'Guarda a faca!'. 'Hold your horses'

Capítulo VIII   AS RELIGIÕES AO SERVIÇO DA FRATERNIDADE NO MUNDO

271.Objetivo: Partir do reconhecimento do valor de cada pessoa humana. Construir a fraternidade e a defesa da justiça na sociedade. O diálogo entre pessoas de diferentes religiões não se faz apenas por diplomacia, amabilidade ou tolerância. O objetivo do diálogo é estabelecer amizade, paz, harmonia e partilhar valores e experiências morais e espirituais num espírito de verdade e amor.

272. Fundamento: Ter a consciência de que não somos órfãos, somos todos filhos do Pai nosso que está no céu, para podermos viver em paz entre nós. A razão, por si só, é capaz de ver a igualdade entre os homens e estabelecer uma convivência cívica entre eles, mas não consegue fundar a fraternidade. Precisamos desta consciência como fundamento da fraternidade.

273.Transcendente: Reconhecer a existência de uma verdade transcendente, na obediência à qual o homem adquire a sua plena identidade, e assim ter um princípio seguro que garanta relações justas entre os homens. O seu interesse de classe, de grupo, de nação contrapõe-nos inevitavelmente uns aos outros. Se não se reconhece a verdade transcendente, triunfa a força do poder, e cada um tende a aproveitar-se ao máximo dos meios à sua disposição para impor o próprio interesse ou opinião, sem atender aos direitos do outro.

274.Deus: Tornar Deus presente é um bem para as nossas sociedades. Buscar a Deus com coração sincero, desde que não o ofusquemos com os nossos interesses ideológicos ou instrumentais, ajuda a reconhecer-nos como companheiros de estrada, verdadeiramente irmãos. Quando se pretende, em nome duma ideologia, expulsar Deus da sociedade, acaba-se adorando ídolos, e bem depressa o próprio homem se sente perdido, a sua dignidade é espezinhada, os seus direitos violados.

275.Crise: Reconhecer que, entre as causas mais importantes da crise do mundo moderno, se contam uma consciência humana anestesiada e o afastamento dos valores religiosos, bem como o predomínio do individualismo e das filosofias materialistas que divinizam o homem e colocam os valores mundanos e materiais no lugar dos princípios supremos e transcendentes.

276.Igreja: Não ficar à margem na construção de um mundo melhor. A Igreja tem um papel público que não se esgota nas suas atividades de assistência ou de educação, mas busca a promoção do ser humano e da fraternidade universal. Queremos ser uma Igreja que serve, que sai de casa, que sai dos seus templos, que sai das suas sacristias, para acompanhar a vida, sustentar a esperança, ser sinal de unidade (...) para lançar pontes, abater muros, semear reconciliação.

277.Religiões: Valorizar a ação de Deus nas outras religiões. Como cristãos, temos a música do Evangelho que vibra nas nossas entranhas, a alegria que brota da compaixão, a ternura que nasce da confiança, a capacidade da reconciliação que encontra a sua fonte no fato de nos sabermos sempre perdoados-enviados. A música do Evangelho é a melodia que nos desafia a lutar pela dignidade de todo o homem e mulher. Outros bebem doutras fontes. Para nós, este manancial de dignidade humana e fraternidade está no Evangelho de Jesus Cristo.

278.Participação: Compreender a beleza do convite ao amor universal. Tudo o que é humano nos diz respeito (...); onde quer que as assembleias dos povos se reúnam para determinar os direitos e os deveres do homem, sentimo-nos honrados, quando no-lo permitem, tomando lugar nelas.

279.Minoria: Pedir que, nos países onde somos minoria, nos seja garantida a liberdade, tal como nós a favorecemos para aqueles que não são cristãos onde eles são minoria. Existe um direito humano fundamental que não deve ser esquecido no caminho da fraternidade e da paz: é a liberdade religiosa para os crentes de todas as religiões. Esta liberdade manifesta que podemos encontrar um bom acordo entre culturas e religiões diferentes; testemunha que as coisas que temos em comum são tantas e tão importantes que é possível individuar uma estrada de convivência serena, ordenada e pacífica, na aceitação das diferenças e na alegria de sermos irmãos porque filhos de um único Deus.

280.União: Pedir a Deus que fortaleça a unidade dentro da Igreja, unidade que se enriquece com diferenças que se reconciliam pela ação do Espírito Santo. É urgente continuar a dar testemunho dum caminho de encontro entre as várias confissões cristãs. Reconhecer com tristeza que, no processo de globalização, falta ainda a contribuição profética e espiritual da unidade entre todos os cristãos. Apesar de estarmos ainda a caminho para a plena comunhão, já temos o dever de oferecer um testemunho comum do amor de Deus por todas as pessoas, trabalhando em conjunto ao serviço da humanidade.

281.Amor: Não olhar com os olhos, olhar com o coração. O amor de Deus é o mesmo para cada pessoa, seja qual for a religião. E se é um ateu, é o mesmo amor.

282.Violência não: Encontrar espaços para dialogar e atuar juntos pelo bem comum e a promoção dos mais pobres. Não se trata de nos tornarmos todos mais volúveis nem de escondermos as convicções próprias que nos apaixonam, para podermos encontrar-nos com outros que pensam de maneira diferente. (…) Com efeito, quanto mais profunda, sólida e rica for uma identidade, mais enriquecerá os outros com a sua contribuição específica. Como crentes, somos desafiados a retornar às nossas fontes para nos concentrarmos no essencial: a adoração de Deus e o amor ao próximo, para que alguns aspectos da nossa doutrina, fora do seu contexto, não acabem por alimentar formas de desprezo, ódio, xenofobia, negação do outro. A verdade é que a violência não encontra fundamento algum nas convicções religiosas fundamentais, mas nas suas deformações.

283.Terrorismo não: Dizer não à discriminação, ao ódio e à violência. Dizer sim ao respeito pela sacralidade da vida, ao respeito pela dignidade e a liberdade dos outros e a um solícito compromisso em prol do bem-estar de todos. É necessário interromper o apoio aos movimentos terroristas através do fornecimento de dinheiro, de armas, de planos ou justificações e também a cobertura mediática, e considerar tudo isto como crimes internacionais que ameaçam a segurança e a paz mundial. É preciso condenar tal terrorismo em todas as suas formas e manifestações. As convicções religiosas sobre o sentido sagrado da vida humana consentem-nos reconhecer os valores fundamentais da nossa humanidade comum, valores em nome dos quais se pode e deve colaborar, construir e dialogar, perdoar e crescer, permitindo que o conjunto das diferentes vozes forme um canto nobre e harmonioso, e não gritos fanáticos de ódio.

284.Paz: Ser verdadeiros "dialogantes", a agir na construção da paz, e não como intermediários, mas como mediadores autênticos. Os intermediários procuram contentar todas as partes, com a finalidade de obter um lucro para si mesmos. O mediador, ao contrário, é aquele que nada reserva para si próprio, mas que se dedica generosamente, até se consumir, consciente de que o único lucro é a paz. Cada um de nós é chamado a ser um artífice da paz, unindo e não dividindo, extinguindo o ódio em vez de o conservar, abrindo caminhos de diálogo em vez de erguer novos muros.

285.Apelo: Nunca incitar à guerra e não solicitar sentimentos de ódio, hostilidade, extremismo nem convidar à violência ou ao derramamento de sangue. Retomar o apelo à paz, justiça e fraternidade.

Sobre o autor

Décio Martins de Medeiros, graduado em Engenharia de Eletrônica pelo ITA em 1975. Engenheiro de Eletrônica na NEC do Brasil de 1976 a 1977. Engenheiro de Vendas a Diretor Presidente na HP/Agilent de 1977 a 2009. Consultor de Gestão e Vendas de 2009 a 2019. A partir de 2020 autor de livros de poesias, teologia, religião, gestão, vendas, genealogia, memórias, biografias, humor e outros assuntos.

Conheça seus livros em:

https://sites.google.com/view/autordeciomartinsdemedeiros/

84